# 品川食堂

## 品川ヒロシ

# 料理って楽しい、って思ってほしい

母子家庭で母親が働きに出ていた僕は小学生の頃から料理を自分で作ってました。

高校を中退して最初にしたバイトもレストランでしたし、ヨシモトに入ってからもイタリアン料理屋でバイトをしていました。料理番組も好きだし、料理雑誌も好きです。

何でそんなに料理が好きか。「お笑い」と「料理」ってなんか似てるんです。

「お笑い」は漫才やコントを作ってお客さんを笑わせる。

「料理」は誰かに食べさせて「美味しい」と言わせる。

「よっしゃ、笑わした」っていうのと「よっしゃ、美味しいって言わせた」って感じが似てるんですよね。基本的に人に褒められたり、

チヤホヤされるのが好きなんですね。

だから、僕はよく先輩や後輩や友達を家に招いて料理を振る舞います。「美味しい」って言われると純粋に嬉しくて、次はさらに「美味しい」って言わせてやろうって思うんです。

だけど「食事」って毎日のことですよね。お客が来たときは凝ったものを作って喜ばしてやろうって思うけど、毎日ってなるとなるべく手間をかけたくないでしょ。かといって外食とか弁当ばっかっていうのもなっていうのがあるんです。だから僕が毎日作る料理は超簡単で、誰でも作れて、素早く作れて、しかも美味しいものです。「料理なんてめんどくせぇ」って言う一人暮らしの男性や、「朝、時間ないから抜いちゃおう」って言う

Lさん、騙されたと思って一回作ってみてください。ダシなんて市販のもので十分うまいし、めんつゆ使えばビックリするほどいろんな料理が作れるし、インスタントラーメンなんて超うまいっすよ。この本を入り口にして、料理に触れてみてください。きっとめちゃくちゃ楽しいはずです。誰かに「美味しい」なんて言われたら最高に気分がいいはずです。僕はみなさんに「料理って楽しい」って思わせたくてこの本を作ったんです。

だって、「品川の本がきっかけで料理するようになった」っていう人が世の中に数人でもいると思うと、嬉しいじゃないですか。やっぱチヤホヤされたいんですよ。

目次

## 01 ごはんのおかず

- トン唐揚げ —— 7
- 豚巻きギョウザ —— 8
- ねばねばスペシャル —— 8
- 豚の角煮 —— 10
- キムチ豚汁 —— 12
- カジキマグロのアボカドソテー —— 13
- 牛すじコンニャクの煮物 —— 14
- カニクリームコロッケ —— 15
- アサリのワイン蒸し＆アサリのミルクスープ —— 16
- 納豆ギョウザ —— 16

## 02 缶詰おつまみ

- オイルサーディンのアンチョビのっけ —— 19
- 帆立マヨネーズ —— 20
- スパムエッグ —— 21
- バターコーン —— 21
- なすミートグラタン —— 22
- メンマとねぎの炒め物 —— 22
- ツナ茶漬け —— 23
- コンビーフとトマト、ブロッコリーのグリル —— 24
- コンビーフとポテト、マッシュルームの炒め物 —— 25
- コンビーフのオニオングラタンスープ —— 25

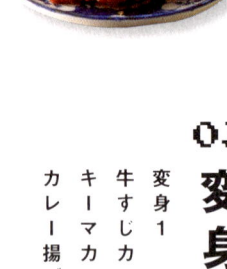

## 03 変身レシピ

- 変身1
  - 牛すじカレー —— 27
  - キーマカレー —— 28
  - カレー揚げ餃子 —— 29
- 変身2
  - 豚バラとんかつ —— 32
  - 豚バラかつ丼 —— 33
- 変身3
  - マカロニコロッケ —— 30
- 変身4
  - コーラ肉じゃが —— 34
  - 肉じゃがコロッケ —— 36
  - コロッケ味噌汁 —— 37

## 04 ホットサンド・マシーン

- スパムエッグのホットサンド —— 39
- ホットサンド・カタログ15 —— 40

この本の使い方
○計量単位は、1カップ＝200cc、大さじ＝15cc、小さじ＝5ccです。
○電子レンジの加熱時間は600Wを目安にしています。
○水溶き片栗粉を作る場合は、片栗粉と水の割合を1：1〜1：2を目安としてください。
○本書で使用した製品名はそれぞれの会社の登録商標です。文中での(R)記号は省略して表記しています。

## 05 これさえあれば

[エバラ焼肉のたれ]
マイルド焼肉……43

[エバラすき焼のたれ]
ブリの照り焼き……44

[クノールカップスープ]
シャケとほうれん草のクリームパスタ……46
チキンとチーズのリゾット……47

[サッポロ一番]
塩　カレーラーメン……48
　　帆立ミルクラーメン……49
醤油　ひき肉ともやしのねぎラーメン……50
　　　ベーコンときのこのあんかけラーメン……50
味噌　なめことみょうがのラーメン……51
　　　豚キムチラーメン……51

これさえあれば！番外編
いつもあります。僕んちの必需品……52

## 06 焼きそばの手引き

昔ながらの焼きそば……54
基本の作り方……55
納豆焼きそば……56
カルボナーラ風焼きそば……57
豚キムチ焼きそば……58
塩焼きそば……59

## 07 野菜をいっぱい食べよう

マカロニサラダ……61
ごぼうチップス……62
キャベツの豆味噌ディップ……62
きゅうりの即席漬け……64
レタスとちりめんじゃこのサラダ……64
豆腐の韓国風サラダ……65
野菜炒め……66
アボカドとジャガイモ、鶏肉炒め……67

## 08 チャーハンの作り方

レタス卵チャーハン……68
基本の作り方……69
あんかけ蟹チャーハン……71
おまけ　焼きおにぎり……71

## 09 男鍋……72

## 10 あの人に作ってあげたい

増毛定食　ブラックマヨネーズ　小杉竜一さん……74
美肌定食　ブラックマヨネーズ　吉田敬さん……76
満腹定食　ダイノジ　大地洋輔さん……78

# GOHAN no TOMO

## 01 がっつり食べたいごはんのおかず

唐揚げ、豚の角煮、コロッケ。揚げ物や肉料理って、やっぱうまいです

　僕は30歳を超えてから太り過ぎないようにボディラインを気にしています。カロリーを気にして、「ご飯、焼き魚、味噌汁、お新香」みたいな旅館の朝食的なメニューにしたりします。でもやっぱ揚げ物とかガッツリいきたいとき、あるんですよね。そういうときは我慢しないようにしてます。食事でストレス溜まるのはイヤですからね。だからスポーツジムで体を動かした日とかは、揚げ物や肉料理をガッツリ食べます。もう、そういうときは開き直ってカロリー無視でガッツリいきましょう。次の日セーブすればいいんですから。思いっきり油使ってお肉を食べちゃいましょう。

唐揚げ好きにはたまらない、 ジューシーな豚肉の味わいがやみつき
# トン唐揚げ

RECIPE

材料（2人分）
- 豚バラ塊肉 ……………… 200g
- A │ 醤油 ………………… 大さじ1/2
  │ 日本酒 ……………… 大さじ1/2
  │ おろしにんにく …… 小さじ1
- 小麦粉 …………………… 適量
- 好みの野菜 ……………… 適量
- 塩・こしょう …………… 適量
- 揚げ油 …………………… 適量

作り方
① 豚バラ塊肉は4cm角に切り、塩・こしょうをする。
② 1にAをよく揉みこみ30分ほどおき、下味をつける。
③ 小麦粉を全体にまぶす。
④ 180℃に熱した揚げ油で揚げる。
⑤ 器に盛り、野菜スティックをそえる。

PORK KARAAGE

GOHAN no TOMO

切って混ぜるだけの簡単レシピ、
さっぱり食べて栄養満点です

# NEBA NEBA SPECIAL
## ねばねばスペシャル

RECIPE

材料（2人分）

| | |
|---|---|
| 絹ごし豆腐 | 1丁 |
| 納豆 | 1パック |
| オクラ | 2本 |
| 山いも | 5cm |
| 長ねぎ | 適量 |
| 卵黄 | 1個分 |
| かつおぶし | 適量 |
| 醤油 | 適量 |

作り方

① 豆腐は水気を切り、手でひと口大にちぎる。
② オクラはさっと茹で、輪切りにする。山いもは千切りにする。長ねぎはみじん切りにする。
③ 納豆は付属のタレと混ぜておく。
④ 器に盛り付け、かつおぶしと卵黄をのせる。
⑤ 醤油をかけて、よく混ぜて食べる

カリッと焼いた豚バラで餃子のタネを巻いた、ボリュームの一品

# PORK ROLL GYOZA
## 豚巻きギョウザ

RECIPE

材料（2人分）

| | | | |
|---|---|---|---|
| 合びき肉 | 150g | サラダ菜 | 適量 |
| 豚バラ薄切肉 | 200g | 大葉 | 適量 |
| 白菜 | 3枚 | 柚こしょう | 適量 |
| ニラ | 10本 | 塩・こしょう | 適量 |
| 長ねぎ | 5cm | サラダ油 | 適量 |
| おろしにんにく | 小さじ1/2 | | |
| ごま油 | 適量 | | |
| 醤油 | 小さじ1/2 | | |
| 日本酒 | 大さじ1/2 | | |

作り方

① 白菜はみじん切りにして塩で揉み、水気をしっかり切る。ニラ、長ねぎはみじん切りにする。
② ボウルに合びき肉、白菜、ニラ、長ねぎ、ごま油、塩小さじ1/4、こしょう、醤油、酒を入れよく混ぜ合わせる。
③ 豚バラ肉2枚を重ねて広げる。2のあんをのせて巻く（a）。
④ フライパンにサラダ油を熱し、3を焼く。
⑤ 器に4を盛り、サラダ菜、大葉、柚こしょうと醤油のタレをそえる。

a

めんつゆと圧力鍋で、あっという間に
じんわり角煮の出来上がり

## JUICY PORK
# 豚の角煮

RECIPE

材料（2人分）

| | |
|---|---|
| 豚バラ塊肉 | 300g |
| 大根 | 10cm |
| しょうが（薄切り） | 1片 |
| 長ねぎ（青い部分） | 20cm |
| 白髪ねぎ | 適量 |
| ゆで卵 | 2個 |
| めんつゆ（3倍濃縮） | 75cc |
| 水 | 2カップ |
| 練りからし | 適量 |

作り方

① 豚バラ塊肉は4cm角に切る。大根は輪切りにし、面取りをする（a）。長ねぎは4等分に切る。
② 圧力鍋に水を入れて熱し、長ねぎ、しょうがを入れ（b）、煮立ったら1の豚肉と大根を加えて（c）アクをとる。
③ 2にめんつゆ（d）とゆで卵を加えてふたをする。蒸気が出たら弱火にして7分ほど煮る（e）。
④ 器に盛り、白髪ねぎをのせ、練りからしをそえる。

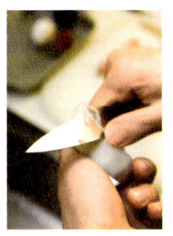
a

b

c

d

e

具沢山の豚汁に、たっぷりのキムチが品川流アクセント

# KIMUCHI PORK SOUP
## キムチ豚汁

a

### RECIPE

材料（4人分）

| | |
|---|---|
| 豚バラ薄切肉 | 200g |
| 大根 | 5cm |
| ごぼう | 1/2本 |
| 長ねぎ | 1/4本 |
| こんにゃく | 1/4枚 |
| 絹ごし豆腐 | 1/2丁 |
| 油揚げ | 1枚 |
| 万能ねぎ（小口切り） | 適量 |
| 白菜キムチ | 適量 |
| 液体和風だし | 小さじ4 |
| 味噌 | 適量 |
| 水 | 4カップ |

作り方
① 豚バラ肉はひと口大に切る。
② 大根はいちょう切りに、ごぼうは薄切りに、長ねぎは小口切りにする。こんにゃくは下茹でして手でちぎる。油揚げは湯通しして油抜きをして細切りにする。
③ 鍋に水と液体だしを入れ熱し、煮立ったら豚肉と2の野菜、こんにゃく、油揚げを入れ煮る。
④ 野菜が煮えたら、味噌を溶き入れ（a）、水切りした豆腐を手でちぎって入れ、1分ほど煮る。
⑤ 器に盛り、万能ねぎを散らしキムチをのせる。

マヨネーズ＆醤油が効いた、濃厚なアボカドソースがうまい

# KAJIKIMAGURO AVOCADO SAUTE
## カジキマグロのアボカドソテー

RECIPE

材料（2人分）
- カジキマグロ .................... 2切れ
- アボカドソース
  - アボカド .................... 1/2個
  - マヨネーズ .................... 適量
  - 醤油 .................... 少々
  - バター .................... 大さじ1
  - オリーブオイル .................... 適量
- 小麦粉 .................... 適量
- 塩・こしょう .................... 適量
- レモン .................... 適量

作り方
① カジキマグロは塩・こしょうをし、小麦粉を軽くまぶす。アボカドは皮をむいて種を取り、角切りにする。
② フライパンにバター（分量外）を熱し、1のカジキマグロの両面を焼き、皿に取り出しておく。
③ フライパンにオリーブオイルを熱し、アボカドを炒める。マヨネーズと醤油、バターを加え、アボカドの形がなくなるまで炒める。
④ 器に2のカジキマグロを盛り、上に3のアボカドソースをのせ、レモンをそえる。

口の中でほろりと崩れる牛すじが絶品。ごはんが進んじゃいます

## GYUSUJI & KONNYAKU
## 牛すじコンニャクの煮物

RECIPE

材料（4人分）
- 牛すじ　　　　　　　　　300g
- こんにゃく　　　　　　　1枚
- 鷹の爪　　　　　　　　　適量
- あさつき（小口切り）　　適量
- めんつゆ（3倍濃縮）　　150cc
- 水　　　　　　　　　　　1と1/2カップ
- 砂糖　　　　　　　　　　適量
- 塩　　　　　　　　　　　適量

作り方

① 鍋に牛すじと、ひたひたの水を入れ強火で熱する。沸騰したらアクを取り5分ほど茹で臭みを取る。よく水で洗ってから、食べやすい大きさに切る。
② こんにゃくは下茹でし、5mmくらいの厚さの薄切りにする。中央に縦2cmくらいの切り込みを入れ、片方の端を切り込みにくぐらせ手綱こんにゃくにする。
③ 圧力鍋に、めんつゆ、水、砂糖、塩、牛すじ、鷹の爪、こんにゃくを入れふたをして強火で熱し、蒸気がでたら弱火にして30分ほど煮る。
④ 器に盛り、あさつきを散らす。

とろ〜り、熱々を食べたい。カニとトマト味の贅沢クリームコロッケ

## KANI CREAM CROQUETTE
## カニクリームコロッケ

RECIPE

材料（2人分）
- かに缶（フレーク）……… 1缶
- ホワイトソース缶 ……… 2/3缶
- トマトピューレ ……… 大さじ3
- 玉ねぎ（みじん切り）……… 1/2個
- マッシュルーム（みじん切り）……… 4個
- 生クリーム ……… 大さじ2
- バター ……… 大さじ1

衣
- 小麦粉
- 溶き卵
- パン粉 ……… 各適量

- 塩・こしょう ……… 適量
- オリーブオイル ……… 適量
- 揚げ油 ……… 適量
- かいわれ大根 ……… 適量
- キャベツ ……… 適量

作り方

① フライパンにオリーブオイルを熱し、玉ねぎとマッシュルームを炒める。かに缶とバター、生クリームを加えて炒める。

② 1にホワイトソースとトマトピューレを加え塩・こしょうをし15分ほど弱火で煮詰める。

③ 2をバットに移し、あら熱が取れたら、冷蔵庫で冷やす。

④ 3をたわら型に整え、小麦粉、溶き卵、パン粉の順に衣をつける。180℃に熱した揚げ油できつね色になるまで揚げる。

⑤ 器に盛り、キャベツの千切りとかいわれ大根をそえる。

カリッと揚げた餃子の中身は、
ニラと納豆。辛子醤油が合う！

# NATTO GYOZA
# 納豆ギョウザ

RECIPE

材料（2人分）

| | |
|---|---|
| 納豆 | 2パック |
| ニラ | 5本 |
| 餃子の皮 | 1/2袋 |
| 揚げ油 | 適量 |
| 練りからし | 適量 |
| 醤油 | 適量 |

作り方

① 納豆は付属のたれを入れよくかき混ぜる。みじん切りにしたニラを加えて混ぜる。
② 餃子の皮で1を包み、180℃に熱した揚げ油できつね色になるまで揚げる。
③ 器に盛り、練りからしと醤油をそえる。

フライパン1つで2度おいしい、
ちゃちゃっとできるアサリの2品

# ASARI STEAM & SOUP
# アサリのワイン蒸し＆
# アサリのミルクスープ

RECIPE

材料（2人分）

| | | | |
|---|---|---|---|
| アサリ（殻つき） | 300g | コーン缶 | 適量 |
| バター | 大さじ1 | 牛乳 | 1/2カップ |
| おろしにんにく | 適量 | コンソメ（固形） | 1/4個 |
| あさつき（小口切り） | 適量 | 黒こしょう | 適量 |
| 白ワイン | 60cc | | |
| 塩・こしょう | 適量 | | |

作り方

### アサリのワイン蒸し

① フライパンにバターを熱し、おろしにんにくと砂だししておいたアサリを入れる。塩・こしょうをして白ワインを入れる。ふたをして蒸し煮にする。
② アサリの口が開いたら、半量のアサリを器に盛り、あさつきを散らす。

### アサリのミルクスープ

③ 残った半量のアサリを取り出し、フライパンの蒸し汁に牛乳、コンソメ、コーンを入れてひと煮たちさせる。
④ アサリとスープを器に盛り、黒こしょうをふる。

NATTO
GYOZA

# QUICK KANZUME

## 02 ちゃちゃっと5分で作る缶詰おつまみ

**人が来る日の最強兵器。缶詰さえあれば、いつだって美味しい料理が作れます**

はじめにも書きましたが、僕は先輩や後輩や友達を家に招いて料理を振る舞います。そういうときって大人数呼ぶので客人が現れる時間がバラバラだったりします。最初に来た人に合わせて料理を出すと、最後の人が来た頃には冷めちゃったりしてなかったりするじゃないですか、残ったやっぱ料理は一番美味しい状態で食べて欲しい。でも、最後に来た人に合わせるとなると、最初に来た人がお腹すいちゃったりするでしょ。そこで缶詰料理です。あくまでも繋ぎですが、缶詰使ってちゃちゃっと簡単な料理を出すと「おお、素早いね」なんて喜ばれます。缶詰料理でお客さんの心を摑（つか）みましょう。

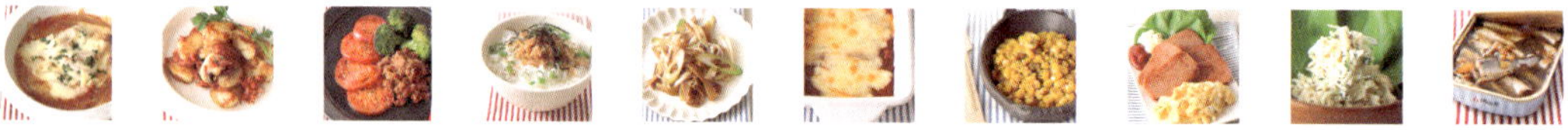

缶を開けたら、そのまま焼き網にのっけて出来上がり

# OIL SARDINES
## オイルサーディンのアンチョビのっけ

RECIPE

材料（2人分）
- オイルサーディン缶 ............ 1缶
- アンチョビペースト ............ 2cm
- にんにく（薄切り）............ 1片

作り方
1. オイルサーディン缶を開け、アンチョビ、にんにくを入れる。
2. 焼き網の上に1をのせ、弱めの中火で焼く。
3. ふつふつとしてきたら出来上がり。缶が熱くなっているので、持つときには十分注意をして。

速攻おつまみの定番。ホワイトペッパーがポイントです

# HOTATE MAYONNAISE
# 帆立マヨネーズ

RECIPE

材料（2人分）
| | |
|---|---|
| 帆立缶（フレーク） | 1缶 |
| きゅうり | 1/4本 |
| マヨネーズ | 大さじ1 |
| ホワイトペッパー | 適量 |
| サラダ菜 | 1枚 |

作り方
① きゅうりは千切りにする。
② ボウルに帆立と1のきゅうり、マヨネーズ、ホワイトペッパーを入れて混ぜる。
③ 器にサラダ菜と2を盛る。

マヨネーズ＆ケチャップで食べる
スパムはサイコー！

## SPAM EGG
## スパムエッグ

RECIPE

材料（2人分）

| | |
|---|---|
| スパム缶（減塩タイプ） | 1/2缶 |
| 卵 | 3個 |
| コーヒーフレッシュ | 1個 |
| 小麦粉 | 適量 |
| サラダ菜 | 3枚 |
| マヨネーズ | 適量 |
| ケチャップ | 適量 |
| 塩・こしょう | 適量 |
| サラダ油 | 適量 |

作り方

① スパムは1cmの厚さに切り、両面に小麦粉を薄くまぶす。
② ボウルに卵、コーヒーフレッシュ、塩・こしょうを入れてよく混ぜる。
③ フライパンにサラダ油を熱し、1を両面がこんがりするまで焼く。皿に取り出しておく。
④ 3のフライパンに2を流し入れ、スクランブルエッグを作る。
⑤ 器に2と3を盛り、サラダ菜、マヨネーズ、ケチャップをそえる。

バターにちょこっと醤油の隠し味で、
ほっと和風の味わい

## BUTTER CORN
## バターコーン

RECIPE

材料（2人分）

| | |
|---|---|
| コーン缶 | 1缶 |
| バター | 大さじ1 |
| 醤油 | 適量 |
| 黒こしょう | 適量 |

作り方

① フライパンにバターを熱し、コーンを炒める。
② 醤油で味を調え、黒こしょうをふる。

QUICK KANZUME

ミートソース缶はホワイトソース缶に代えてもうまいです

# MEAT SAUCE GRATIN
## なすミートグラタン

RECIPE
材料（1人分）
ミートソース缶............大さじ3
なす..........................1/2本
ベーコン.....................1枚
とろけるチーズ............適量

作り方
① なすは5mmの輪切りにする。ベーコンは2cm幅に切る。
② グラタン皿に1のなすとベーコンを並べ、ミートソース、とろけるチーズの順にのせ、オーブントースターで焦げ目がつくまで焼く。

うちには欠かさず、
桃屋のメンマがあります

# MENMA & NEGI
## メンマとねぎの炒め物

RECIPE
材料（1人分）
メンマ........................1/2瓶
長ねぎ........................5cm
ラー油........................適量
醤油............................適量
ごま油........................適量

作り方
① フライパンにごま油を熱し、メンマを炒める。
② 斜め薄切りにした長ねぎを加えて炒め、醤油とラー油で味を調える。

ちゃっと炒めたツナ缶と鶏がらスープで〆のお茶漬け
# TUNA CHAZUKE
## ツナ茶漬け

RECIPE

材料（1人分）
| | |
|---|---|
| ツナ缶 | 1缶 |
| ご飯 | どんぶり1杯分 |
| 醤油 | 適量 |
| 鶏がらスープの素 | 小さじ1 |
| 塩 | 適量 |
| 白ごま | 適量 |
| わさび | 適量 |
| 刻み海苔 | 適量 |
| あさつき（小口切り） | 適量 |

作り方
① フライパンを熱し、ツナ缶を油ごと入れて炒める。醤油を加え味を調える。
② 鍋に水1カップを沸かし、鶏がらスープの素と塩を入れてスープを作る。
③ 器にご飯を盛り、1をのせる。
④ 3に2のスープを注ぎ、白ごま、あさつき、刻み海苔をのせ、わさびをそえる。

QUICK KANZUME

コンビーフ缶をヘルシーに食べる、うれしいメニュー
## CORNEDBEEF; TOMATO & BROCOLI
# コンビーフとトマト、ブロッコリーのグリル

RECIPE

材料（2人分）
- コンビーフ缶 ………… 1缶
- トマト ………… 1個
- ブロッコリー ………… 1/3株
- 塩・こしょう ………… 適量
- オリーブオイル ………… 適量

作り方
① トマトは湯むきをして1cmの厚さに切る。ブロッコリーはレンジに2分ほどかける。
② フライパンにオリーブオイルを熱し、トマト、ブロッコリー、ほぐしたコンビーフをそれぞれ焼く。塩・こしょうで味を調える。

大好きなコンビーフ缶で3品

ホクホクじゃがいもに
コンビーフがからんでおいしさ倍増！

# CORNEDBEEF POTATO & MUSHROOM
## コンビーフとポテト、マッシュルームの炒め物

RECIPE

材料（2人分）

| | |
|---|---|
| コンビーフ缶 | 1缶 |
| じゃがいも | 1個 |
| マッシュルーム | 1個 |
| バター | 大さじ1 |
| 塩・こしょう | 適量 |

作り方
① じゃがいもはレンジに3分ほどかけ、ひと口大に切る。マッシュルームは薄切りにする。
② フライパンにバターを熱し、1の野菜とコンビーフを炒める。塩・こしょうで味を調える。

コンビーフが隠し味。
びっくりするほど本格的な味わいです

# CORNEDBEEF ONION GRATIN SOUP
## コンビーフのオニオングラタンスープ

RECIPE

材料（2人分）

| | |
|---|---|
| コンビーフ缶 | 1缶 |
| 玉ねぎ（薄切り） | 1/4個 |
| とろけるスライスチーズ | 1枚 |
| コンソメ（固形） | 1個 |
| パセリ（みじん切り） | 適量 |
| サラダ油 | 適量 |

作り方
① フライパンにサラダ油を熱し、玉ねぎをしんなりするまで炒める。
② 1にコンビーフを入れて炒め、水2カップとコンソメを加えて、ひと煮立ちさせる。
③ 2を器に盛り、スライスチーズをのせ、レンジに1分かける。
④ パセリを散らす。

# HENSHIN RECIPE

## 03 料理は連続ドラマだ！
## 変身レシピ

カレーが餃子に、肉じゃががコロッケに。今日の料理が明日に続く、便利レシピ教えます

カレーとか、肉じゃがとか、なんか大量に作ったほうが美味しいような気がしませんか？

でも、一人暮らしとか、同棲カップルの二人暮らしで、大量に作ると残っちゃう。かと言って毎日同じ料理食べてると飽きちゃうでしょ。それならば一工夫して、変身させて、新しい料理にしちゃえばいいんですよ。女の子が残った肉じゃがを次の日コロッケにして出したりしたら、絶対に彼氏は「この子は出来る子だ」って感心するはずです。変身レシピは飽きない上に彼氏のハートを摑むには持ってこいの料理です。

肉とろとろの黄金カレー、
コーラとかつおだしが
隠し味です

# GYUSUJI CURRY
## 牛すじカレー

RECIPE

材料（4人分）
- 牛すじ ……………… 300g
- じゃがいも ………… 3個
- 玉ねぎ（みじん切り） 1個
- 玉ねぎ ……………… 2個
- にんじん …………… 1本
- コーン缶 …………… 1缶
- 卵（目玉焼き用）…… 4個
- バター ……………… 大さじ1
- かつおだし（液体）… 大さじ1
- 塩 …………………… 小さじ1
- おろしにんにく …… 小さじ1
- コーラ ……………… 500cc
- めんつゆ（3倍濃縮） 50cc
- カレールウ（辛口）… 4皿分
- サラダ油 …………… 適量
- パセリ（みじん切り） 適量

作り方
① 鍋に牛すじとひたひたの水を入れ強火で熱する。沸騰したらアクを取り5分ほど茹で臭みを取る。よく水で洗ってから、食べやすい大きさに切る。
② じゃがいもとにんじんは大きめの乱切りに、玉ねぎ2個はくし型に切る。
③ フライパンにバターを熱し、みじん切りにした玉ねぎをあめ色になるまで炒める。
④ 圧力鍋にサラダ油を熱し、牛すじと、2の野菜を入れて炒める。
⑤ 4にあめ色玉ねぎ、コーラ、かつおだし、おろしにんにく、塩、めんつゆを加える。
⑥ カレールウとひたひたの水を加えたらふたをし、蒸気がでたら弱火にして10〜15分ほど煮る。ふたをあけてからコーンを加えさっと煮る。
⑦ 人数分の目玉焼きを作る。
⑧ 器にご飯と6のカレーを盛る。目玉焼きをのせ、パセリをちらす。

基本の料理 1

# KEEMA CURRY

**変身料理 2**

## キーマカレー

ちょい和風の牛すじカレーが、エスニックな味に早変わり

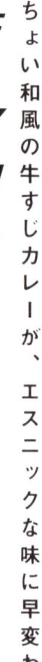

RECIPE

材料（2人分）
- 牛すじカレーの残り ……… 適量
- 合びき肉 ……… 100g
- パプリカ（赤・黄） ……… 各1個
- カレールウ ……… 2皿分
- バター ……… 大さじ1
- 塩・黒こしょう ……… 適量
- ナン ……… 2枚

作り方
① 牛すじカレーを軽くつぶす。パプリカは1cm角に切る。
② フライパンにバターを熱し、合びき肉を炒める。肉の色が変わったらパプリカを加えて炒め、塩・黒こしょうをする。
③ 2に1とカレールウを加えて炒める。
④ 器に盛り、ナンをそえる。

# CURRY FRIED GYOZA

変身料理 3

## カレー揚げ餃子

揚げた皮からじゅ〜、カレー餃子って本当においしい

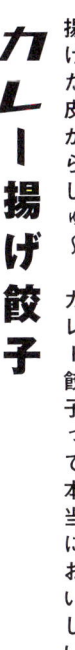

RECIPE

材料（2人分）
- キーマカレーの残り ……… 適量
- ニラ ……………………… 3本
- 餃子の皮 ………………… 適量
- 揚げ油 …………………… 適量

作り方
① ニラはみじん切りにし、キーマカレーと混ぜる。
② 餃子の皮に1を包む。
③ 180℃に熱した揚げ油で、きつね色になるまで揚げる。

HENSHIN RECIPE

基本の料理 1

P61掲載
MACARONI SALAD
マカロニサラダ

変身料理 2

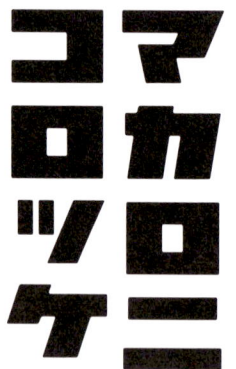

マカロニコロッケ

熱々の衣の中から、ころんとマカロニの食感がたまらない

MACARONI CROQUETTE
マカロニコロッケ

RECIPE

材料（2人分）
マカロニサラダの残り ……… 適量
ホワイトソース缶 ……… 1/2缶
コーン缶 ……… 大さじ3
衣 ｜ 小麦粉
　　｜ 溶き卵
　　｜ パン粉 ……… 各適量
揚げ油 ……… 適量

作り方
① ボウルにマカロニサラダとコーン、ホワイトソースを入れ混ぜる。
② バットに移し冷蔵庫で冷やす。
③ 2をボール型に丸め、小麦粉、溶き卵、パン粉の順に衣をつけ、180℃に熱した揚げ油できつね色になるまで揚げる。

さくっさくの衣の中からチーズがじゅわ〜、箸で切れる品カツ

# 豚バラとんかつ

基本の料理 1

変身料理 2

昨日のカツと玉ねぎ。
半熟とろ〜り卵が、じんわりうまい

# KATSU-DON
## 豚バラかつ丼

RECIPE

材料（1人分）
- 豚バラとんかつ　　　1枚
- 玉ねぎ　　　　　　　1/4個
- 卵　　　　　　　　　2個
- めんつゆ（3倍濃縮）　1/2カップ
- 水　　　　　　　　　1/2カップ

作り方
① 玉ねぎは薄切りにする。
② 鍋にめんつゆと水を入れ熱し、沸騰したら玉ねぎを加えてさっと煮る。
③ カツを入れひと煮たちしたら、溶いた卵を流し入れる。1分ほど煮たらふたをして卵が半熟になったら火をとめる。
④ 器にご飯を盛り、3をのせる。

◀ ◀ ◀ ◀

# SLICE PORK KATSU
## 豚バラとんかつ

RECIPE

材料（2人分）
- 豚バラ薄切肉　　　　300g
- 小麦粉　　　　　　　適量
- スライスチーズ　　　1枚
- 塩・黒こしょう　　　適量
- キャベツ　　　　　　適量
- 衣 ｜ 小麦粉
　　 ｜ 溶き卵
　　 ｜ パン粉　　　　各適量
- 揚げ油　　　　　　　適量
- 練りからし　　　　　適量

作り方
① 豚バラ肉150gは広げ、小麦粉をまぶしながら、重ねていく。残りも同様に重ねスライスチーズをはさみ、塩・黒こしょうをする。ラップをして形を整え、少しねかせる。
② 1を小麦粉、溶き卵、パン粉の順に衣をつけ180℃に熱した揚げ油できつね色になるまで揚げる。
③ 器に2とキャベツの千切りを盛り、ソースと練りからしをそえる。

## 基本の料理 1

### コーラ肉じゃが

ほくほくのジャガイモと、コーラで柔らかく煮た肉が絶品

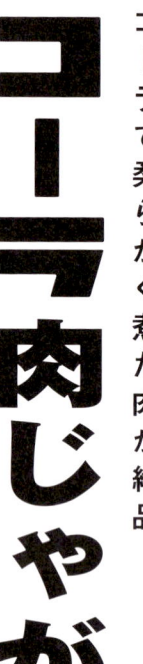

### COLA NIKU-JYAGA
### コーラ肉じゃが

RECIPE

材料（2人分）

| | |
|---|---|
| じゃがいも | 4個 |
| にんじん | 2本 |
| 玉ねぎ | 1個 |
| 豚バラ薄切肉 | 200g |
| あさつき（小口切り） | 適宜 |
| コーラ | 1と1/2カップ |
| 水 | 1と1/2カップ |
| めんつゆ（3倍濃縮） | 1カップ |
| サラダ油 | 適量 |

作り方

① じゃがいも、にんじんは乱切りに、玉ねぎはくし型に切る。豚バラ肉は3cm幅に切る。
② 鍋にサラダ油を熱し、豚バラ肉を炒める。肉の色が変わったら、1の野菜を入れ炒める（a）。
③ 2にコーラ（b）、めんつゆ、水を加えて煮立て、アクを取り除く。
④ 野菜が柔らかくなるまで煮る（c）。器に盛り、あさつきを散らす。

a

b

c

# HENSHIN RECIPE

◀ ◀ ◀ ◀

## NIKU-JYAGA CROQUETTE

変身料理 2

## 肉じゃがコロッケ

肉じゃがの甘みがしっかり詰まったコロッケ

### RECIPE
材料（2人分）
- 肉じゃがの残り ……………… 適量
- 合びき肉 ……………………… 150g
- 玉ねぎ（みじん切り）………… 1/2個
- サラダ油 ……………………… 適量
- 衣 ｜ 小麦粉
　　　溶き卵
　　　パン粉 …………………… 各適量
- 揚げ油 ………………………… 適量

作り方
① フライパンにサラダ油を熱し、合びき肉、玉ねぎを炒める（a）。
② 肉じゃがの汁気をきり、じゃがいもとにんじんをつぶす。
③ 2に1を混ぜる。バットに移してあら熱を取る。
④ 3を小判型に整え、小麦粉、溶き卵、パン粉の順に衣をつけ、180℃に熱した揚げ油できつね色になるまで揚げる。

a

## CROQUETTE MISO-SOUP

変身料理 3

## コロッケ 味噌汁

冷めたコロッケをめちゃくちゃおいしく食べる方法です

RECIPE
材料（1人分）
肉じゃがコロッケ ............ 1個
味噌汁 ............ 1杯分
長ねぎ ............ 適量

作り方
① コロッケは半分に切る。長ねぎは小口切りにする。
② 器に1を入れ、味噌汁を注ぐ。

# HOT-SANDWICH MACHINE

## 04 ホットサンド・マシーンはめちゃ便利

パリッと焼けたパンがおいしい。
好きな具を挟むだけ、
便利な上にお洒落なとこもいいでしょ

誰ですか？ ホットサンドのマシーンを発明した人物は。その人物は天才です。僕にとってはエジソンと並ぶ偉人です。だって、具材を挟んで焼くだけで、ただの食パンが何倍も美味しくなっちゃうんですよ。セットしといて、出かける準備してたら完成してるんですからね。しかも箸も、フォークも使わずに手づかみで食べられる。なんだったら遅刻しそうなときは行儀悪いけど歩きながら食べられますからね。

ピクニックなんて最近行ってませんが、もしもこの先僕がピクニックに行くことがあるとしたら昼食は絶対にホットサンド・マシーンで作ったサンドイッチですね。彼女と二人で青空の下、緑の芝生に、赤と白のチェックのシートを敷いて、その上でバスケットからホットサンドで作ったサンドイッチを取り出して食べる。水筒から温かい紅茶を入れて飲む。そんな二人の周りをゴールデンレトリバーが走り回る。もう映画のワンシーンですよ。ホットサンド・マシーンはそんなお洒落な夢を見させてくれるんです。

僕の必需品のホットサンド・マシーン。
好みの具を食パン2枚で挟んで焼くだけ。
パンはパリッ、中の具も温かくなって、
めちゃおいしいです。

協力＝クロア日本総発売元　ウィナーズ㈱

スクランブルエッグ＋スパムでボリューム満点

## SPAM-EGG
## スパムエッグのホットサンド

RECIPE
材料（2人分）

| 食パン（8枚切り） | 2枚 |
|---|---|
| スパム | 1枚 |
| 卵 | 1/2個 |
| 塩・こしょう | 適量 |
| サラダ菜 | 1枚 |
| ケチャップ | 適量 |
| バター | 適量 |

作り方
① フライパンにバターを入れ熱し、溶き卵、塩・こしょうを加えてスクランブルエッグを作る。
② ホットサンド・マシーンに、食パン1枚を並べる。
③ サラダ菜、両面を焼いたスパム、スクランブルエッグ、ケチャップをのせる。
④ もう1枚のパンをのせ、プレスして焼く。

## ホットサンド CATALOGUE

### 何でもはさんで焼いちゃいます。僕のおすすめ 15

やっぱりチーズとハム、それにツナ&マヨネーズ。ゆでたじゃがいもとミートソースとチーズでピザ風にしてもいいし、変わったところでは「ごはんですよ!」を挟んでもおいしいんです。具の組み合わせは無限大。何でも好きな材料を入れて、いろいろ試してみてください。

**ちりめんじゃこ × スライスチーズ**

**ハム × スライスチーズ**

**キュウリ × ツナ × マヨネーズ（塩・こしょう少々）**

**ミートソース（缶詰）× ゆでじゃがいも（薄切り）× スライスチーズ**

**ベーコン（焼いたもの）× スクランブルエッグ**

**明太子（ほぐしたもの）× クリームチーズ**

**レトルトカレー**

卵焼き × スパム
×
サラダ菜
×
ケチャップ

プチトマト
×
ピーマン
×
スライスチーズ

アボカド
×
クリームチーズ

ごはんですよ！× スライスチーズ

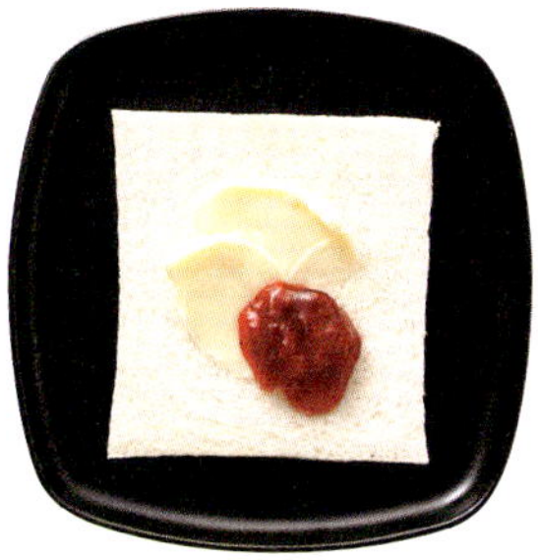

いちごジャム
×
バター

ガーリックパウダー
×
バター

ゆでじゃがいも（薄切り）
×
ツナ（缶詰）

スパム（軽く焼いたもの）
×
サラダ菜

# MY FAVORITE

05
## おいしい手抜きの秘訣 これさえあれば

料理なんて面倒くさいという人でも"これさえあれば"簡単においしいものが作れてしまう、僕のお気に入りの手抜きの素を教えます

## エバラ 焼肉のたれ

まずはこれ

牛乳と焼肉のたれの
意外な出会いがうまい、
フライパン焼肉

# MILD YAKI-NIKU
## マイルド焼肉

## RECIPE
材料（2人分）

| | |
|---|---|
| 牛切落とし肉 | 250g |
| 玉ねぎ | 1/2個 |
| 焼肉のたれ | 大さじ1 |
| おろしにんにく | 小さじ1/2 |
| A　片栗粉 | 大さじ2 |
| 　　牛乳 | 大さじ2 |
| レタス | 4枚 |
| 白ごま | 適量 |
| サラダ油 | 適量 |
| 塩・こしょう | 適量 |

## 作り方

① 玉ねぎは薄切りにする。Aを合わせておく。

② フライパンにサラダ油を熱し、玉ねぎと牛肉を入れて炒める。おろしにんにくと焼肉のたれを加え全体にからめ、塩・こしょうで味を調える。

③ 2に1の牛乳で溶いた片栗粉を加え、とろみがついたら、すぐ火を止める。

④ 器にザク切りにしたレタスを盛り、3をのせ、白ごまをふる。

## MY FAVORITE

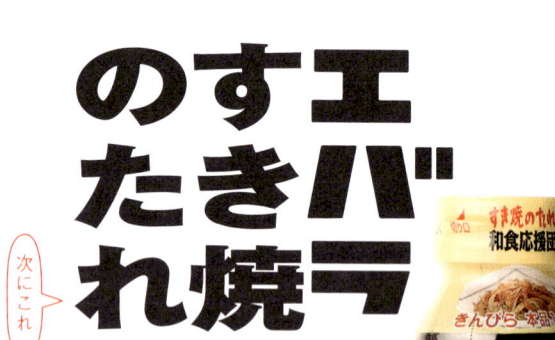

**おいしいが詰まったたれで、手軽に焼肉気分、すき焼気分**

すき焼を食べたときや、焼肉を食べたときに、ご飯にたれがつきますよね。あのたれの付いた部分のご飯ってめちゃくちゃ美味くないですか？ でも、焼肉やすき焼はお店に行くとやっぱお金がかかりますよね。かと言ってリビングで焼肉なんてしようもんなら2〜3日焼肉臭いでしょ。芸人はじめたての頃やっぱ貧乏で、もちろん焼肉なんて自分の金で食えないし、でも、あの焼肉のたれのついたご飯が食べたくて、しょうがないからご飯に焼肉のたれをかけて食ってました。そうなんですよ。その発想でいいじゃないですか。

焼肉のたれすき焼のたれを使って台所で料理して、ご飯と一緒に食べて、あのたれのついたご飯を味わっちゃえばいいじゃないか。なんだったら、すき焼のたれでチャーハン作ったり、焼肉のたれでおじやを作ったりしちゃえば、ご飯にたれがついているところじゃなくて、たれまみれのご飯ですよ。美味しくないハズがないじゃないですか。たれを使ってリーズナブルに「焼肉気分」「すき焼気分」を満喫しましょう。

# エバラ すき焼のたれ

（次にこれ）

失敗なしできれいな照り焼きができちゃいます
## BURI TERIYAKI
### ブリの照り焼き

RECIPE
材料（2人分）

| | |
|---|---|
| ブリの切り身 | 2切れ |
| しょうが | 1片 |
| 長ねぎ | 10cm |
| すき焼のたれ | 70cc |
| 醤油 | 適量 |
| 大根おろし | 適量 |
| あさつき | 適量 |
| 塩 | 適量 |
| サラダ油 | 適量 |

作り方
① ブリは塩を振っておく。水分が出たらキッチンペーパーなどでよくふき取る。しょうがは薄切りに、長ねぎは4等分に切る。
② フライパンにサラダ油を熱し、ブリと長ねぎを入れてこんがりと焦げ目がつくまで焼く。
③ すき焼のたれとしょうが、醤油を加え、弱火で5分位煮る。
④ 器にブリを盛り、大根おろしをのせ、あさつきをちらし、長ねぎを添える。

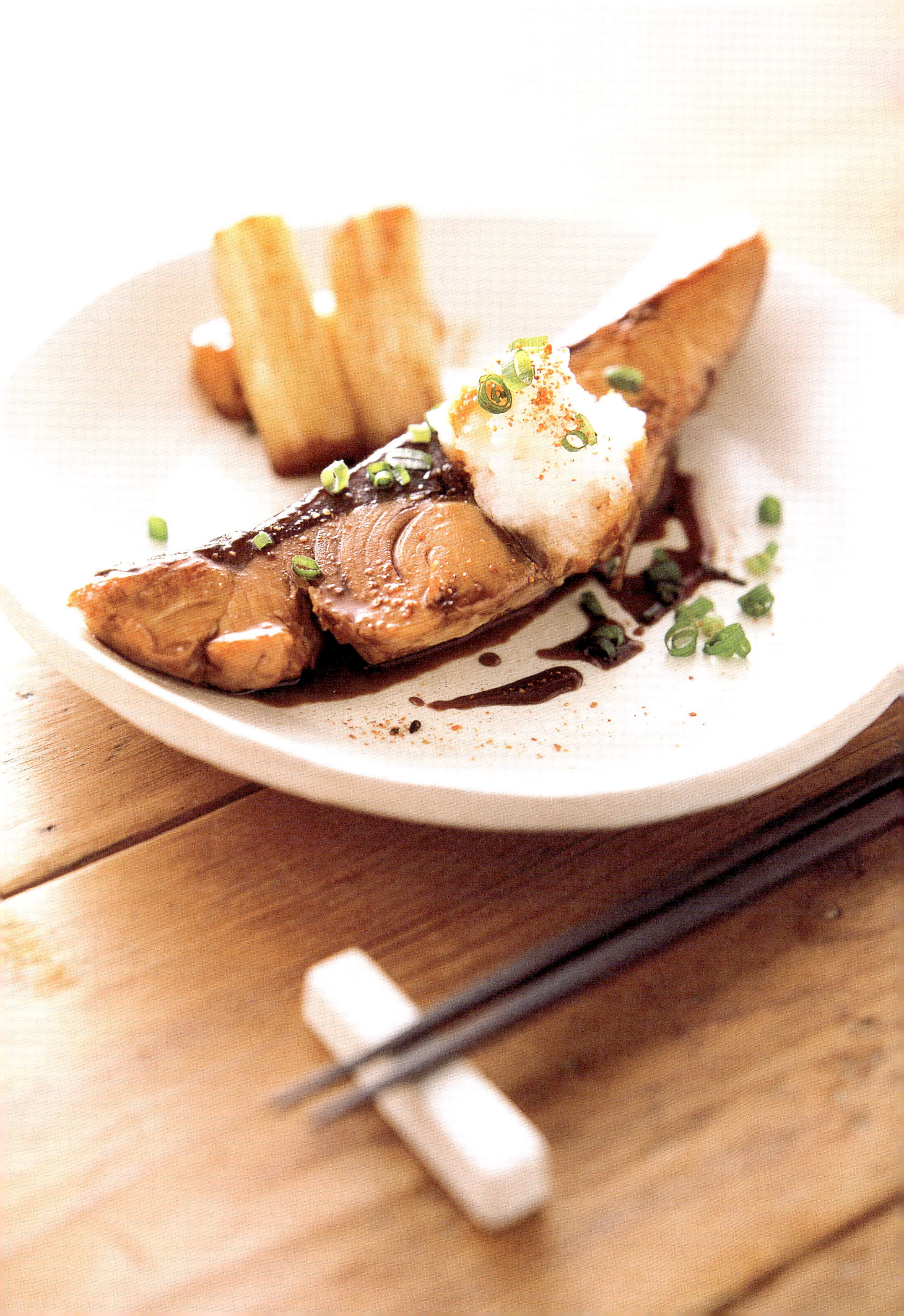

## MY FAVORITE

**スープの素があれば、リゾットもパスタも簡単にできちゃうんです**

僕は汁物にご飯を入れるのが大好きです。子供の頃に味噌汁やスープにご飯を入れて食べていると、母親に「行儀が悪いからやめなさい」と怒られたものです。でも、いくら行儀が悪くても美味しいものは美味しいんですもん。クノールカップスープをご飯にかけたら美味しいんですよ。「美味しい」でも「行儀悪い」、それならば最初からそういう料理にしてしまえば「行儀が悪い」とはならないワケです。ただ、キッチンでご飯にクノールカップスープをかけて食卓に持って行っても芸がないでしょ。そこでリゾットですよ。リゾットならちゃんとした料理でしょ。今回は鶏肉を入れていますが、海老やイカを入れればシーフードリゾットになります。子供の頃に「行儀が悪い」と叱られた忘れられない味、もう誰にも「行儀が悪い」とは言わせない。まあ、今、家でご飯にクノールカップスープかけても誰にも「行儀悪い」なんて言われませんけどね。ただぶっかけるより美味しいから結果オーライです。

**クノールカップスープ**

> その次は

スープの素でコクと深みのあるクリームパスタが即できあがり

### SALMON CREAM PASTA
### シャケとほうれん草の クリームパスタ

RECIPE
材料（1人分）
スパゲッティ ............................................. 100g
カップスープの素（コーンクリーム）1袋
生鮭 ........................................................... 1切れ
ほうれん草 ............................................... 1/4把
いくら ........................................................ 20g
生クリーム ............................................... 50cc
塩・こしょう ........................................... 適量
オリーブオイル ....................................... 適量

作り方
① スパゲッティはたっぷりの湯で袋の表示時間通り茹でる。
② 生鮭はひと口大に、ほうれん草はザク切りにする。
③ フライパンにオリーブオイルを入れ熱し、生鮭とほうれん草を炒める。
④ 3にスパゲッティと茹で汁少々、生クリーム、カップスープの素を加え、手早くからめる。塩・こしょうで味を調える。
⑤ 器に4を盛り、いくらをのせる。

とろりチーズとクリームソースが混ざった、幸せの味
## CHICKEN&CHEESE RIZOTTO
# チキンとチーズの リゾット
RECIPE

材料（1人分）

| | |
|---|---|
| 鶏もも肉 | 100g |
| コーン（缶） | 大さじ2 |
| カップスープの素（コーンクリーム） | 1袋 |
| ご飯 | 茶碗1膳分 |
| とろけるスライスチーズ | 1枚 |
| パセリ | 適量 |
| バター | 大さじ1 |
| 塩・こしょう | 適量 |

作り方
① 鶏もも肉はひと口大に切る。
② フライパンにバターを熱し、鶏もも肉を炒めて、塩・こしょうをする。肉の色が変わったらコーンとご飯を入れて炒める。
③ 水200ccとカップスープの素を加え煮る。
④ 耐熱容器に移し、とろけるスライスチーズをのせ、チーズがとろけるまでレンジにかける。パセリのみじん切りを散らす。

MY FAVORITE

## 大好きなサッポロ一番を僕なりの工夫でとことん美味しくしてみました

僕は行列の出来るラーメン屋とかの行列に並ぶ気になりません。美味しいラーメン屋に並ばずに入れるなら行きますが、ワザワザラーメンを食べるために出かけたりはしません。僕のラーメンに対する思いはその程度です。なぜラーメンに対する愛情がその程度か。それは僕はサッポロ一番のラーメンが大好きだからです。僕にとってサッポロ一番塩らーめんがめちゃくちゃごちそうなんです。だから、ワザワザ行列に並ばなくても、コンビニに行けば美味しいラーメンが手に入るんです。しかも、子供の頃から慣れ親しんだ味、それはお袋の味でもあるわけです。小学生の時に初めてサッポロ一番塩らーめんに溶き卵を入れました。「これ以上の贅沢はない」と思いました。さらにバターを入れたとき「これ以上の贅沢はない」と思いました。さらにコーンを入れたとき「これ以上の贅沢はない」と思いました。僕は以来ずっと「これ以上の贅沢」を求めて色々なものをサッポロ一番に入れ続けてきました。ここで紹介したのは一部ですが、どれも、僕が「これ以上の贅沢はない」と感じたものです。

こんがり豚バラとマッシュルームに、カレー味が合うんです

## CURRY NOODLE
## カレーラーメン

RECIPE

材料（1人分）
| | |
|---|---|
| 塩らーめん | 1袋 |
| 豚バラ肉 | 2枚 |
| マッシュルーム | 2個 |
| にんにく（みじん切り） | 1/2片 |
| 小麦粉 | 適量 |
| カレー粉 | 適量 |
| サラダ油 | 適量 |

作り方
① 小麦粉とカレー粉を混ぜ、ひと口大に切った豚バラ肉にまぶしておく。マッシュルームは薄切りにする。
② フライパンにサラダ油とにんにくを入れ熱し、にんにくの香りがしてきたら1の豚バラ肉の両面をこんがりと焼く。
③ 麺をゆで、沸騰したらマッシュルームと付属のスープを入れる。
④ 3にカレー粉小さじ1弱を入れて混ぜる。
⑤ 4を器に盛り、2をのせる。

まるごと帆立に、バターと牛乳の
コンビネーションがバツグン

# HOTATE MILK NOODLE

## 帆立 ミルク ラーメン

RECIPE

材料（1人分）
| | |
|---|---|
| 塩らーめん | 1袋 |
| 帆立（刺身用） | 4個 |
| マッシュルーム | 2個 |
| 牛乳 | 1カップ |
| バター | 適量 |

作り方
① 麺をゆでる。帆立は半分に切る。マッシュルームは薄切りにする。
② 鍋に水50ccを入れ熱し、沸騰したらマッシュルームと付属のスープを入れる。
③ 牛乳と帆立を加え、沸騰する前に火を止める。
④ 麺と3を器に盛り、バターをのせる。

塩ラーメン

ごま油で炒めたひき肉に、ラー油を
きかせたピリ辛ネギをのっけて
## NEGI NOODLE
# ひき肉ともやしの ねぎラーメン
RECIPE

材料（1人分）
| | |
|---|---|
| しょうゆラーメン | 1袋 |
| 豚ひき肉 | 50g |
| もやし | 1/3袋 |
| 長ねぎ | 1/3本 |
| にんにく（みじん切り） | 1/2片 |
| ごま油 | 適量 |
| ラー油 | 適量 |

作り方
① 長ねぎは斜め薄切りにし、ラー油をまぶしておく。
② 熱したフライパンにごま油を入れ、にんにくと豚ひき肉を炒め、肉の色が変わったらもやしを入れ、さっと炒める。
③ 麺をゆで、付属のスープを入れる。
④ 3と2を器に盛り、1をのせる。

醤油ラーメン

ベーコンはブロックで使ってください、
ぜったいうまいです
## ANKAKE NOODLE
# ベーコンと きのこのあんかけ ラーメン
RECIPE

材料（1人分）
| | |
|---|---|
| しょうゆラーメン | 1袋 |
| ベーコン（ブロック） | 60g |
| しいたけ | 2枚 |
| 水溶き片栗粉 （大さじ1を水大さじ1で溶いたもの） | |
| サラダ油 | 適量 |

作り方
① しいたけは薄切りに、ベーコンは1cm角に切る。
② フライパンを熱しサラダ油を入れ、1のベーコンとしいたけを炒める。
③ 麺をゆで、付属のスープと2を入れ、水溶き片栗粉でとろみをつける。
④ 3を器に盛る。

シャキッとした歯ざわりを残した、
みょうがが大人の味わい

# NAMEKO & MYOGA NOODLE
## なめことみょうがのラーメン

### RECIPE

材料（1人分）
- みそラーメン ……… 1袋
- みょうが ……… 1片
- なめこ ……… 2/3袋
- かつおだし（液体）……… 少々
- 長ねぎ ……… 1/2本

作り方
① みょうがは斜め薄切りにする。なめこは熱湯をかけてぬめりをとる。長ねぎは斜め薄切りにし、水にさらし水気を切る。
② 麺をゆでる。ゆで上がる1分程前に1のみょうが、なめこを入れる。
③ 付属のスープとかつおだしを入れる。
④ 器に盛り、1の長ねぎをのせる。

---

味噌ラーメンに豚バラとキムチ、
テッパンのコンビでしょ

# PORK & KIMUCHI NOODLE
## 豚キムチラーメン

### RECIPE

材料（1人分）
- みそラーメン ……… 1袋
- 豚バラ肉 ……… 2枚
- ニラ ……… 3本
- 白菜キムチ ……… 大さじ2
- キムチの素 ……… 小さじ1/2
- 醤油 ……… 適量
- ごま油 ……… 適量
- 塩・こしょう ……… 適量

作り方
① 豚バラ肉、ニラはひと口大に切る。
② 熱したフライパンにごま油を入れ、1の豚バラ肉とニラ、白菜キムチを入れて炒め、醤油、塩・こしょうで味を調える。
③ 麺をゆで、付属のスープ2/3とキムチの素を入れる。
④ 3を器に盛り、2をのせる。

## これさえあれば！
## 番外編

# あいつもいります。
# 僕んちの必需品

うちにある調味料は近所のスーパーやコンビニで簡単に手に入るもの。特別なものじゃないけど、これがあれば料理が100倍うまくなるんです

**チューブでバター**
「料理をしながら片手で使えるのがいいでしょ。ほどよく柔らかいのも便利なんです」

**XO醬**
「野菜炒めでも焼きそばでも、炒め物には必ず入れます。入れるのと入れないのとでは絶対に味が変わるから」

**桃屋の穂先メンマ やわらぎ**
「やわらぎはメンマの若いやつ。そのまま食べている人が多いけど、焼いたり炒めるとうまいんですよ」

**ごはんですよ！**
「パンに塗って食べるとうまいんですよね。ゆでたじゃがいもや焼きそばに使ってもいいんじゃないかな」

## 柚こしょう

「初めて食べたとき、こんなにうまい調味料があるのかって。大人の味わいなんですよね。鍋はもちろん、肉もさっぱり食べたいときはコレ」

## ホワイトペッパー

「ブラックペッパーほど自己主張しないでほしいときはこっち。バターとホワイトペッパーって相性がいいんですよ」

## 桃屋のつゆ

「桃屋のつゆがすごい好きなんです。絶妙のバランスだと思いますね。肉じゃがにもカレーにも何にでも使います。醤油とみりんとかつおだしという、和食の基本が1本になった手軽さが最高」

## にんにくおろし

「にんにくを下ろすと指が3日間ぐらい臭くなるでしょ。これを見つけたときは、便利だなーって感動しました」

## オタフクお好みソース

「焼きそばやとんかつはもちろん、目玉焼きにも合うんですよ」

## クラフトパルメザンチーズ

「カルボナーラって難しいイメージがあるじゃないですか。これを使えば簡単に本格的な味になるし、コンビニでも売ってるから便利」

# SOBA PARADISE

## 06 洋風和風中華風もOK！品川流焼きそばの手引き

カルボナーラ風も納豆焼きそばもあり。
アレンジ無限大の魅力を発見

土曜日に学校から帰って家で焼きそばを食べて遊びに出かける、なんて男性にありがちな思い出が僕にはありません。それは、僕にとって土曜日のお昼ご飯と言えばサッポロ一番だったからです。だからって言うのもなんなんですけど、僕はそんなに焼きそばが好きではありません。なんか「焼きそばで食事を終わらせちゃうのもな」って思っちゃってたんですよね。でも最近、焼きそばが自分の中の食べものランキングでグイグイ上昇してきたんです。そのきっかけはこの本です。この本に焼きそばも載せようと思い、家で色々研究してるうちに大好きになっちゃったんです。僕はきっと男性の中でそんなに焼きそばを食べずに生きてきたほうだと思います。後悔しました。「こんなに美味しいのに何で食べなかった」と。この本のおかげですっかり焼きそばが大好きになってしまいました。オーソドックスな焼きそばを作ってみてもよし、スパゲティの麺をゆでるの面倒だって時に焼きそばの麺を代わりに使ってみるのもよし、焼きそば最高っす。

### 品川のこだわり

家庭のフライパンで炒めた野菜って、どうしてもべちゃっとしちゃいますよね。焼きそばの野菜もシャキッと仕上げたいから、僕はいつも熱湯で野菜をさっと湯通ししてから炒めます。麺を柔らかく仕上げるコツはビール。野菜や肉の上に麺を置き、ビールを加えてふたをして蒸らす。こうすると麺がフライパンにくっつかないのもいいんですよ。味付けにはオタフクソースを半分入れます。オタフクソースってちょっと加えるだけでプロっぽい味になるんですよね。

シャッキリ野菜と香ばしい肉、
あげ玉と紅しょうがが懐かしい味

## SIMPLE YAKISOBA
### 基本形
### 昔ながらの焼きそば

RECIPE

材料（1人分）

| | | | |
|---|---|---|---|
| 焼きそば | 1玉 | メンマ | 適量 |
| （マルちゃん焼きそば） | | あげ玉 | 適量 |
| 豚バラ薄切肉 | 3枚 | 紅しょうが | 適量 |
| キャベツ | 2枚 | ビール | 適量 |
| もやし | 1/3袋 | オタフクソース | 大さじ1 |
| 長ねぎ | 1/4本 | 小麦粉 | 適量 |
| マッシュルーム | 1個 | ごま油 | 適量 |
| | | 塩・こしょう | 適量 |

# YAKI

## おいしい焼きそば
## 基本の作り方

① 野菜はひと口大に切り、沸騰した湯でさっと湯通しする。

② 豚バラ肉はひと口大に切り、薄く小麦粉をまぶしておく。よく熱したフライパンにごま油を入れ、豚バラ肉とメンマを炒める。

③ 1の野菜と麺を加える。

④ ビールを加え、ふたをしてしばらく麺を蒸らす。

⑤ 麺をほぐしてから付属のソースの半量を入れる。

⑥ オタフクソースを加え、手早く炒める。

⑦ 塩・こしょうで味を調え、器に盛り、紅しょうがとあげ玉をのせる。

YAKISOBA PARADISE

香ばしい納豆に、アンチョビとニンニクが効いた大人の味

## NATTO YAKISOBA
## 納豆焼きそば

RECIPE

材料（1人分）

| | |
|---|---|
| 焼きそば | 1玉 |
| 納豆 | 1パック |
| アンチョビペースト | 5cm |
| にんにく（みじん切り） | 1片 |
| ビール | 適量 |
| あさつき（小口切り） | 適量 |
| 醤油 | 少々 |
| 刻み海苔 | 適量 |
| 塩・こしょう | 適量 |
| サラダ油 | 適量 |

作り方

① 納豆は付属のタレを入れ、よく混ぜておく。
② よく熱したフライパンにサラダ油を入れ、にんにくとアンチョビを炒めたら、麺とビールを加え、ふたをして蒸らす。
③ 2の麺をほぐしながらよく炒める。
④ 3に1の納豆を加えて炒め、鍋肌から醤油を回し入れ手早く炒める。塩・こしょうで味を調える。
⑤ 器に盛り、あさつき、刻み海苔をのせる。

クリーミーなこってり味がやみつきになる、洋風焼きそば

## CARBONARA YAKISOBA
## カルボナーラ風焼きそば

RECIPE

材料（2人分）
| | |
|---|---|
| 焼きそば | 1玉 |
| ベーコン（ブロック） | 30g |
| シーフードミックス | 1/2カップ |
| にんにく（みじん切り） | 1片 |
| ビール | 適量 |
| 生クリーム | 100cc |
| 卵黄 | 1個 |
| 粉チーズ | 大さじ3 |
| 塩・こしょう | 適量 |
| オリーブオイル | 適量 |

作り方
①ベーコンは1cm角に切る。シーフードミックスは解凍しておく。
②フライパンにオリーブオイルとにんにくを入れ熱し、にんにくの香りがしてきたらベーコンとシーフードミックスを炒め、塩を多めにふる。
③2に麺とビールを加え、ふたをして蒸らす。
④3の麺をほぐしながらよく炒める。生クリームと粉チーズを加え、塩・こしょうをする。火を止めてから卵黄を入れ、手早く全体にからめ、器に盛る。

YAKISOBA PARADISE

豚バラと白菜キムチの黄金コンビに、醤油とキムチの素が隠し味

## PORK & KIMUCHI YAKISOBA
## 豚キムチ焼きそば

RECIPE

材料（1人分）
- 焼きそば ……………………… 1玉
  （マルちゃん蒸し焼きそば）
- 豚バラ薄切肉 ………………… 2枚
- ニラ …………………………… 3本
- 白菜キムチ …………………… 30g
- メンマ（瓶詰） ……………… 大さじ2
- キムチの素 …………………… 小さじ1/2
- 醤油 …………………………… 小さじ1/2
- 日本酒 ………………………… 適量
- ごま油 ………………………… 適量
- 塩・こしょう ………………… 適量

作り方
① ニラと豚バラ肉はひと口大に切る。
② よく熱したフライパンにごま油を入れ、1の豚バラ肉を炒める。メンマとニラ、白菜キムチを加え炒める。
③ 2に麺と日本酒を加えふたをして蒸らす。付属のソースの半量とキムチの素、醤油を加えほぐしながら炒める。
④ 塩・こしょうで味を調え、器に盛る。

ベーコンごろん。シンプルだけどうまい、焼きそばの王道です

## SHIO YAKISOBA
# 塩焼きそば

RECIPE

材料（1人分）

| | |
|---|---|
| 焼きそば | 1玉 |
| ベーコン（厚切り） | 30g |
| にんにく | 1片 |
| 日本酒 | 適量 |
| 醤油 | 少々 |
| 刻み海苔 | 適量 |
| あさつき（小口切り） | 適量 |
| 塩・こしょう | 適量 |
| サラダ油 | 適量 |

作り方

① ベーコンは1cm角に切る。にんにくは薄切りにする。
② フライパンにサラダ油とにんにくを熱し、ベーコンを炒める。
③ 2に麺と日本酒を加え、ふたをして蒸らす。塩・こしょうをしてほぐしながら炒め、醤油を鍋肌から回し入れる。
④ 器に盛り、あさつきと刻み海苔をのせる。

# YASAI no OKAZU

## 07 さっともう一品 野菜をいっぱい食べよう

肉やジャンクフードが大好きだから。さっと作れて、野菜たっぷり、健康気分のメニューも忘れません

一人暮らしとかしてると、どうしても野菜って不足しがちですよね。僕も野菜よりも肉ってタイプです。ハンバーガーとかジャンクフードも大好きです。だからこそ一日3食のうち一食ぐらいは野菜をいっぱい食べるようにしています。油っこいものを食べ過ぎた次の日は野菜スープだけで一日をしのいだりもします。たまにそんなことしたぐらいで体にどれぐらい影響があるのか分かりませんが「野菜食ってるから健康だぜ」っていう気持ちになれます。健康気分になるために野菜を食べましょう。

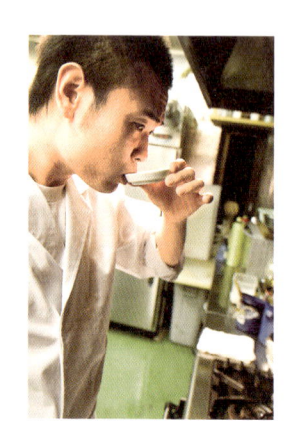

# MACARONI SALAD

明太子とジャガイモも入った、豪快な男のサラダです

## マカロニサラダ

RECIPE

材料（2人分）

| | | | |
|---|---|---|---|
| マカロニ | 70g | ブロッコリー | 1/2株 |
| じゃがいも | 1個 | レタス | 4枚 |
| ゆで卵 | 2個 | マヨネーズ | 大さじ4 |
| ハム | 3枚 | レモン汁 | 適量 |
| 明太子 | 1腹 | 塩・こしょう | 適量 |
| トマト | 1個 | | |

作り方

① マカロニは袋の表示通り茹でる。

② じゃがいもはレンジに3分ほどかけひと口大に切る。ゆで卵とハムもひと口大に切る。明太子はほぐしておく。

③ ボウルに1、2とマヨネーズを合わせて、よく混ぜる。レモン汁を加え、塩・こしょうで味を調える。

④ 3を器に盛り、レタス、くし型に切ったトマト、塩茹でしたブロッコリーを添える。

生キャベツ、にんにくと
マヨネーズの豆味噌ディップ

# CABBAGE MISO DIP
## キャベツの豆味噌ディップ

RECIPE

材料（2人分）

| | |
|---|---|
| キャベツ | 6枚 |
| きゅうり | 1本 |
| ディップ | |
| A　豆味噌 | 大さじ2 |
| 　　マヨネーズ | 小さじ2 |
| 　　おろしにんにく | 小さじ1/2 |

作り方
① きゅうりは食べやすく切る。
② Aの材料を混ぜ合わせディップを作る。
③ 器に野菜を盛り、2のディップをそえる。

あっという間にできて、
おやつ感覚のごぼうが美味しい

# GOBO CHIPS
## ごぼうチップス

RECIPE

材料（2人分）

| | |
|---|---|
| ごぼう | 1本 |
| 塩 | 適量 |
| 揚げ油 | 適量 |

作り方
① ごぼうは皮をたわしなどでこそげ落とし、ピーラーで薄く切る。
② 水にさらしアクをとり、水気をよくふきとっておく。
③ 160〜170℃に熱した低温の揚げ油できつね色になるまで揚げる。
④ 器に盛り、塩をふる。

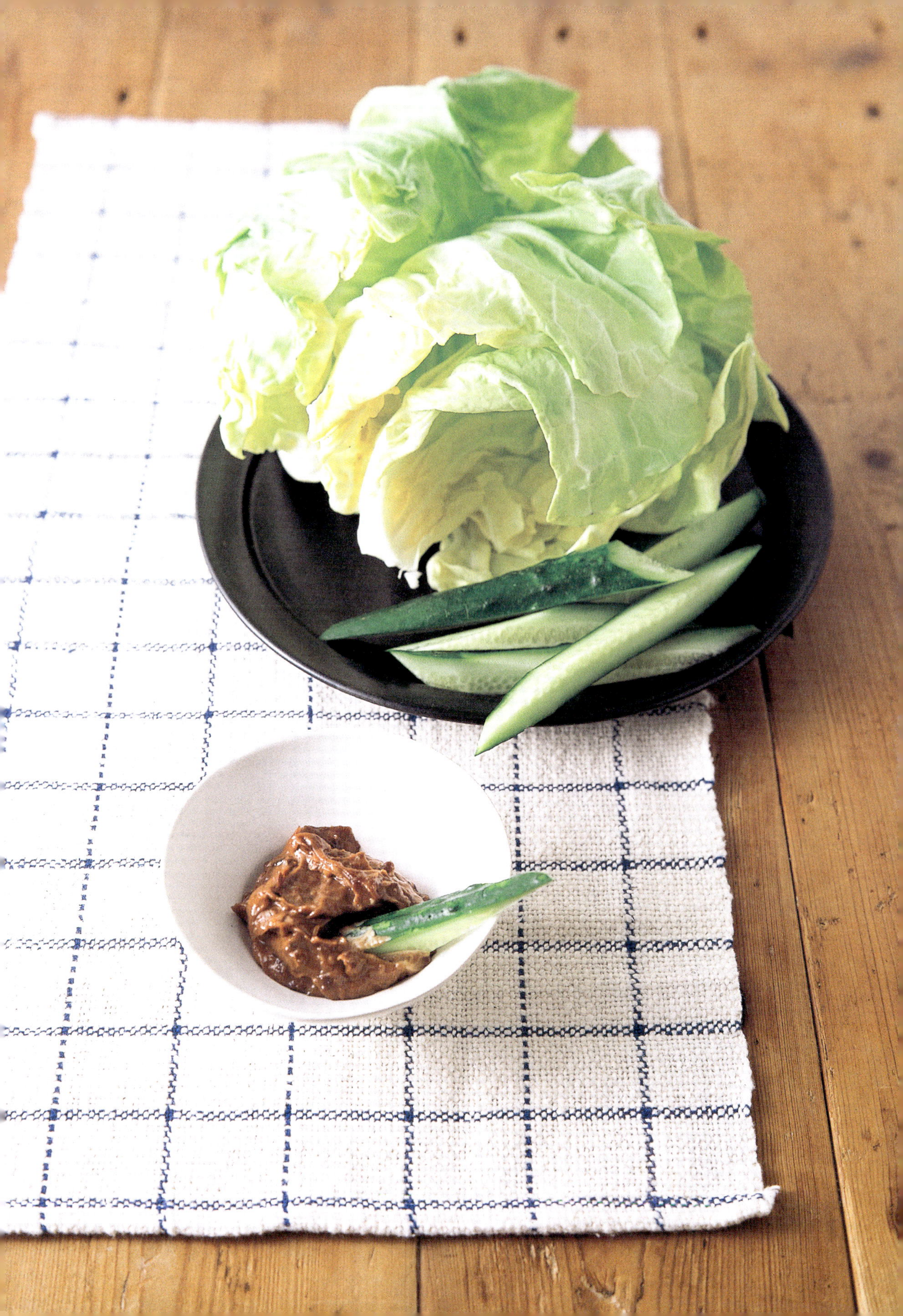

YASAI no OKAZU

あっさりしてるから、
バリバリいくらでも食べられます

## QUICK TSUKEMONO
## きゅうりの即席漬け

RECIPE

材料（2人分）
| | |
|---|---|
| きゅうり | 1本 |
| 塩こんぶ | 適量 |
| 塩 | 適量 |
| ラー油 | 適量 |
| 白ごま | 適量 |

作り方
① きゅうりは、塩をまぶして板ずりをする。ラップをしてそのまま3時間ほどおいておく。
② 1のきゅうりを水でさっと洗い、食べやすい大きさに切る。
③ ボウルに2と塩こんぶ、ラー油を入れて和える。
④ 器に盛り、白ごまをふる。

カリカリのじゃこと梅と黒酢の
ドレッシングがサイコー

## JYAKO SALAD
## レタスと
## ちりめんじゃこの
## サラダ

RECIPE

材料（2人分）
| | | | | |
|---|---|---|---|---|
| レタス | 1/2玉 | 梅黒酢ドレッシング | | |
| ちりめんじゃこ | 30g | | 黒酢 | 大さじ2 |
| ごま油 | 適量 | | 醤油 | 大さじ1 |
| 白ごま | 適量 | A | サラダ油 | 大さじ4 |
| 刻み海苔 | 適量 | | 梅肉 | 1〜2個分 |
| | | | 砂糖 | 適量 |
| | | | 塩・こしょう | 適量 |

作り方
① レタスは食べやすい大きさに手でちぎる。
② フライパンにごま油を熱し、ちりめんじゃこをきつね色になるまで炒め、油をきっておく。
③ Aの材料を混ぜ合わせ、ドレッシングを作る。
④ 器にレタス、ちりめんじゃこを盛る。ドレッシングをかけ、白ごまをふり、刻み海苔をのせる。

ごま油とにんにく、柚こしょうでちょっと大人のドレッシングに
# 豆腐の韓国風サラダ
RECIPE

材料（2人分）

| | |
|---|---|
| 絹ごし豆腐 | 1丁 |
| わかめ | 適量 |
| レタス | 6枚 |
| プチトマト | 6個 |
| きゅうり | 1/4本 |

ドレッシング A

| | |
|---|---|
| しょうゆ | 小さじ2 |
| 酢 | 大さじ1 |
| ごま油 | 大さじ2 |
| 柚子こしょう | 小さじ1/4 |
| おろしにんにく | 適量 |
| 砂糖 | 適量 |
| 白ごま | 適量 |

作り方

①わかめは水で戻しザク切りにする。絹ごし豆腐は水気をきり、ひと口大に切る。きゅうりは斜め薄切りにする。レタスは食べやすい大きさにちぎる。
②Aの材料を合わせドレッシングを作る。
③器に野菜とわかめ、豆腐を盛り、ドレッシングをそえる。

KOREAN TOFU SALAD

湯通ししてから野菜を炒めるのが、シャキッと仕上げるコツ

## YASAI-ITAME
## 野菜炒め

RECIPE

材料（2人分）
| | |
|---|---|
| キャベツ | 1/4個 |
| しいたけ | 2個 |
| もやし | 1/3袋 |
| 長ねぎ | 1/4本 |
| ニラ | 5本 |
| きゅうり | 1/2本 |
| 豚バラ薄切肉 | 200g |
| 醤油 | 小さじ1 |
| XO醤 | 適量 |
| 小麦粉 | 適量 |
| 塩・こしょう | 適量 |
| サラダ油 | 適量 |

作り方
① キャベツとニラはザク切りに、しいたけは細切りに、長ねぎは斜め薄切りにする。もやしはひげを取る。きゅうりは小口切りにする。
② 1の野菜を湯通しする。
③ 豚バラ肉は、3cm幅に切る。塩・こしょうをしてから、醤油少々（分量外）で下味をつけてよく揉みこむ。
④ 3に小麦粉をまぶし、180℃に熱した揚げ油で1分ほど揚げる。
⑤ フライパンにサラダ油を熱し、2の野菜と4の豚バラ肉を強火で炒める。塩・こしょうをし、XO醤、醤油を加えさっと炒める。

ほっくりジャガイモに、しっかり下味の染みた鶏肉で美味しさ倍増

## AVOCADO, POTETO & CHICKEN
## アボカドとジャガイモ、鶏肉炒め

RECIPE

材料（2人分）
| | |
|---|---|
| アボカド | 1個 |
| じゃがいも | 1個 |
| 鶏もも肉 | 250g |
| にんにく（みじん切り） | 1片 |
| A マヨネーズ | 大さじ1と1/2 |
| A しょうゆ | 大さじ2 |
| A 練りわさび | 2cm |
| オリーブオイル | 適量 |
| 塩・こしょう | 適量 |

作り方

① アボカドは皮をむき種を取り、1cmの厚さに切る。じゃがいもはレンジに3分ほどかけ、ひと口大に切る。鶏肉はひと口大に切る。Aの材料を合わせておく。

② フライパンにオリーブオイルとにんにくを熱し、鶏肉を炒める。じゃがいもを加えて炒め、塩・こしょうする。

③ 2にアボカドとAを加えて炒める。

# GOOD CHA-HAN

## 08 パラパラご飯の極意 品川流チャーハンの作り方

**具はなんだっていいんです。**
**パラパラご飯になるとっておきの秘訣、**
**試してみてください**

僕はチャーハンが大好きです。具は何でもいいんです。その日冷蔵庫に残っているものでいい。なんだったらごま油でご飯炒めてかつおぶしと醤油だけでもいい。でも、べちゃべちゃのチャーハンだけはイヤなんです。中華料理屋のパラパラのチャーハンが好きなんです。そこで中華料理屋のようなパラパラのチャーハンが作れる方法があります。パラパラしすぎが嫌いな人は野菜を多めにすれば野菜の水分でしっとりします。家でチャーハンを作るとどうしてもべちゃべちゃになってしまうって人はどうか試してみてください。誰でも簡単にパラパラのチャーハンが作れます。

### 品川のこだわり

パラパラのチャーハンに仕上げる、とっておきの方法を教えます。「明日はチャーハンを食べよう」と思ったら、余ったご飯を卵かけご飯にして、ごま油をちょこっと入れて冷蔵庫に一晩入れておくんです。ごま油といっしょにちりめんじゃこを入れてもいいし、かつおぶしや煎りごま、明太子を入れてもおいしいです。チャーハンの具はなんでもいいんです。家にあるもので。このご飯さえあれば、誰でも簡単にパラパラの最高にうまいチャーハンができるから。焼きおにぎりにしてもおいしいですよ。

---

簡単なのに最高のごちそう。
レタスと卵のシンプルさが
うまいんです

### EGG CHA-HAN
**基本形**
### レタス卵チャーハン

RECIPE

材料（1人分）

| | |
|---|---|
| ご飯 | どんぶり1杯分 |
| 溶き卵 | 1個 |
| 塩・こしょう | 適量 |
| ごま油 | 適量 |
| 豚バラ薄切肉 | 50g |
| 長ねぎ（みじん切り） | 大さじ2 |
| レタス | 3枚 |
| 醤油 | 適量 |
| サラダ油 | 適量 |

## 基本の作り方

**ここがポイント！**

卵かけごはんを冷蔵庫に一晩寝かせておきます。これがパラパラのチャーハンを作る極意

③ 豚バラ肉はひと口大に、レタスはザク切りにする。

① ご飯に溶き卵1個と塩、ごま油少々を入れ、よく混ぜる。

④ よく熱した中華なべにサラダ油を入れ、長ねぎ、豚バラ肉を炒める。2のご飯を加えて、よく炒める。パラパラになったらレタスを加え、醤油を鍋肌から回し入れ、塩・こしょうで味を調える。

② 冷蔵庫に一晩寝かせておく。

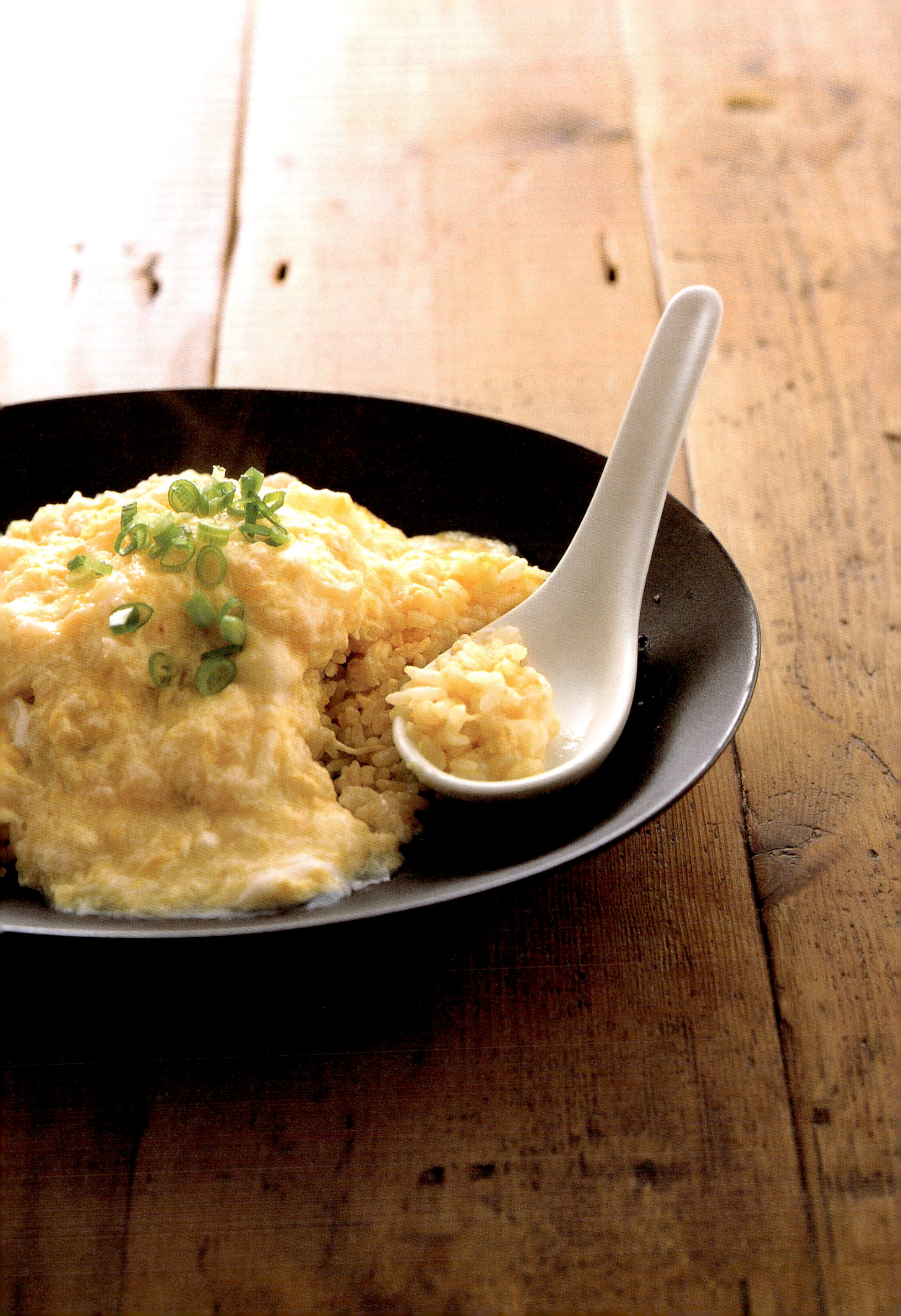

いつものチャーハンにひと手間。パラパラご飯にとろ〜り蟹あんが贅沢

# KANI CHA-HAN
## あんかけ蟹チャーハン

RECIPE

材料（1人分）
| | |
|---|---|
| ご飯 | どんぶり1杯分 |
| 溶き卵 | 1個 |
| にんにく（みじん切り） | 1片 |
| 醤油 | 適量 |
| あさつき（小口切り） | 適量 |
| 塩・こしょう | 適量 |
| ごま油 | 適量 |

あんかけ用
| | |
|---|---|
| 蟹缶 | 小1缶 |
| 長ねぎ（輪切り） | 1/4本 |
| 鶏がらスープの素 | 小さじ1 |
| 液体かつおだし | 小さじ1 |
| 溶き卵 | 2個 |
| 水溶き片栗粉 | （大さじ1を水大さじ1で溶いたもの） |

作り方
① 前日にご飯に溶き卵と塩、ごま油少々を混ぜて、冷蔵庫に一晩寝かせておく。
② よく熱した中華なべにごま油を入れ、にんにく、長ねぎを炒め、1のご飯を入れてパラパラになるまで炒め、醤油を鍋肌から回し入れ、塩・こしょうで味を調える。
③ あんかけを作る。
鍋に水1と1/2カップと鶏がらスープの素、液体かつおだしを入れ、沸騰したら蟹を入れる。溶き卵を少しずつ流し入れ、水溶き片栗粉でとろみをつける。
④ 器に2を盛り、3のあんをかけ、あさつきを散らす。

## おまけ

冷蔵庫ごはんがあれば、焼きおにぎりも簡単にできます

外側はパリッ、中はふわふわの仕上がり

# YAKI ONIGIRI
## 焼きおにぎり

RECIPE

材料（1人分）
| | |
|---|---|
| ご飯 | 茶碗1杯分 |
| 溶き卵 | 1個分 |
| ごま油 | 適量 |
| 塩 | 少々 |
| 焼きのり | 2枚 |

梅ちりめん
| | | |
|---|---|---|
| A | ちりめんじゃこ | 大さじ1 |
| | 梅肉 | 1個分 |
| | 醤油 | 小さじ1/2 |

ごまおかか
| | | |
|---|---|---|
| B | 白ごま | 大さじ1/2 |
| | かつおぶし | 1/2袋 |
| | 醤油 | 少々 |

下準備
ご飯に溶き卵、ごま油、塩を入れてかき混ぜ、一晩冷蔵庫に寝かせておく。

作り方
① 下準備しておいた卵かけご飯にAとBをそれぞれ加えてよく混ぜ、おにぎりを作る。
② フライパンで両面をこんがり焼く。最後に鍋肌から醤油を回し入れ香ばしく焼く。
③ 食べる直前に焼きのりを巻く。

# SPECIAL-NABE

## 09 芸人仲間が集う日のごちそう 男鍋

リーズナブルで簡単、美味しい！
みんなが来る日は
年中いつでも鍋パーティ

僕は異常なまでの寒がりです。真夏でも、クーラーが苦手ですぐに上着を着ます。だから温かい食べ物が好きです。中でも鍋が大好きです。冬だろうが夏だろうが一年中鍋を食べます。後輩や友達を呼んで家で鍋パーティなんて2ヶ月に1回ぐらいやります。

みんなで食べる鍋は格別に美味しい。一人で食べるのより5倍は美味しく感じる。しかも家鍋なら、店で食べるのと違って、他のお客に気を使うこともないし、結構リーズナブルだ。そんなワケで年中鍋をやってるわけだから、そんなに時間をかけて作るわけにはいかない。でも「美味しい」と言わせたい。そこで僕の簡単男鍋です。誰でも簡単に作れます。鍋を囲めば心も体もホクホクだぜ。

アサリのだしが決め手。鶏肉、豚肉、ソーセージも入った豪快鍋

## OTOKO-NABE
### 男鍋

RECIPE

材料（4人分）
- 豚ロース（しゃぶしゃぶ用） 200g
- 鶏もも肉 200g
- 粗挽きソーセージ 4本
- メロ（白身魚） 2切れ
- アサリ 300g
- レタス 1/3個
- 生しいたけ 8個
- 長いも 10cm
- ニラ 10本
- えのき茸 1束

鶏だんご
- 鶏ひき肉 200g
- A 青ねぎ（小口切り） 5cm
- おろししょうが 1片分
- 片栗粉 小さじ1
- 塩・こしょう 適量

特製だれ
- かつおぶし 15g
- B 青のり 大さじ3
- 卵黄 1個分
- 白ごま 大さじ1

柚こしょう（好みで）

作り方
① アサリは砂だしをしておく。鶏もも肉、メロはひと口大に切る。長いもは短冊切りにする。ニラはザク切りにする。えのき茸と生しいたけは石づきを落とす。
② ボウルにAの材料を入れねばりが出るまでよく混ぜ、だんご状に丸める。
③ 土鍋にアサリと水500cc（分量外）を入れ熱し（a）、アサリの口が開いてだしが出たら、アサリを取り出し、アクを取る（b）。
④ 3に、2の鶏だんごを入れる。鶏だんごが浮いてきたら（c）、鶏もも肉を加え、アクを取りながら4～5分煮る。
⑤ ソーセージ、メロ、長いも、ニラ、えのき茸、生しいたけを加え（d）、レタスの葉を並べてのせる（e）。その上に、豚肉を重ならないように広げてのせる（f）。
⑥ 土鍋のふたをして、豚肉に火が通るまで煮る（g）。
⑦ Bを合わせた特製だれか、柚子こしょうをつけて食べる。

a　b　c　d　e　f　g

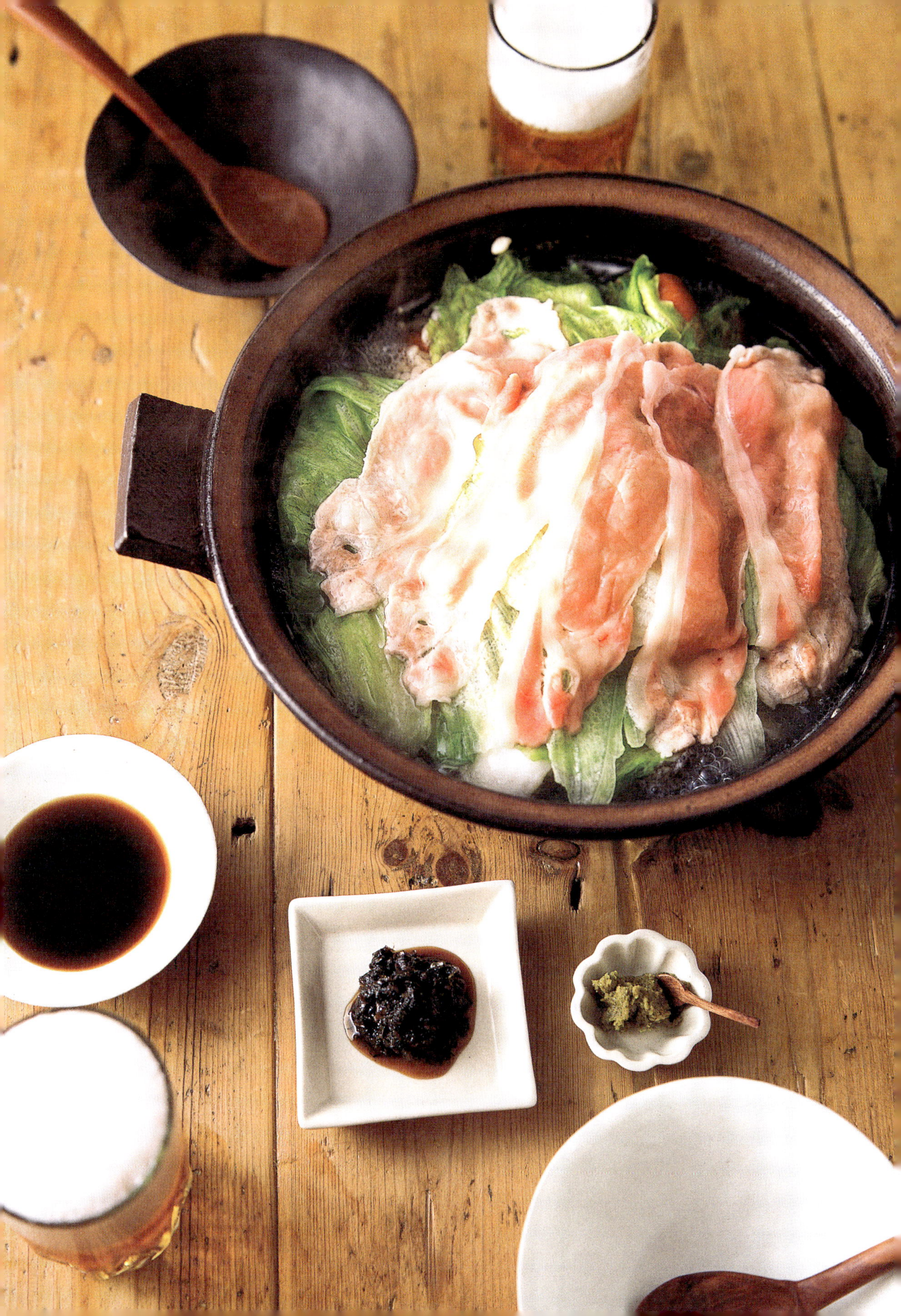

# ORIGINAL SET PLATE

**10 あの人に作ってあげたい**

大好きな人のために考えた、愛情定食です

## 増毛定食

ミネラルと思いやりが美味しさの素。
薄毛が気になる彼氏やお父さんにも作ってあげてください

この人のために作りました

**ブラックマヨネーズ 小杉竜一さん**

こすぎ・りゅういち 1973年京都生まれ。1998年「ブラックマヨネーズ」結成。2003年上方漫才大賞・最優秀新人賞受賞、2005年M-1グランプリ受賞。漫才の完成度の高さはもちろん、フリートークの面白さでも定評あり。"こっすー"の悩みはハではじまりゲで終わる2文字。「味付けがしっかりしてるから、ひじきもわかめも飽きんと食べられて美味しいわ〜」と本人の感想。

「小杉さんはハゲています」なんてことをここに書くと「ハゲてない。薄毛や」と小杉さんは怒ります。でも小杉さんがなんと言おうと「ハゲています」いや「ハゲかけています」。

それなのに、パソコンでこの原稿を書いていて「こすぎ」とキーボードを叩き、変換を二度押すと「濃すぎ」と画面に出てきます。そんな悲しい十字架を背負っているのです。こんな芸人としては最高に面白い頭皮と名前を持ち合わせているっていうのに小杉さんはハゲていくのがイヤみたいです。そんな小杉さんに食べさせたいのはやっぱ髪の毛に良いとされているミネラルがたくさん含まれた食材を使った料理です。本当にこの料理を食べて毛が生えてくるかどうかは分かりません。でも、「生えてくるかもしれない」って言う

ささやかな期待が調味料となって「美味しい」となるのです。やっぱ料理ってのは気分も大事ですからね。この料理は「髪の毛にいいんだ」って思いながら食べると、不思議と普通に食べるよりも美味しく感じたりするもんです。もし、彼氏やお父さんがハゲていたら、ハゲかけていたら、どうかこの料理を作ってあげてください。きっと喜んで食べてくれるはずです。でも、気をつけてください。まだ自分をハゲと認めていない、もしくは人にハゲに関してイジって欲しくない人にこの料理を出したら「嫌味か」と怒られてしまう可能性があります。特にカツラを着用している人には絶対に出してはいけない料理です。

この手の問題、いやこの毛の問題はデリケートなので、みなさん気をつけましょう。

ヘルシーなハンバーグに、わかめづくしのさっぱり定食
# HAMBURG STEAK & WAKAME'S SIDE NENU
## ひじきの和風ハンバーグ&わかめごはんと小鉢

RECIPE
材料（1人分）
[ハンバーグ]
| | |
|---|---|
| 鶏ひき肉 | 150g |
| ひじき（乾燥） | 5g |
| にんじん | 4cm |
| 長ねぎ | 適量 |
| 卵 | 1/2個 |
| 醤油 | 少々 |
| めんつゆ（ストレート） | 大さじ3 |
| 大根おろし | 適量 |
| 水溶き片栗粉 | 適量 |
| ごま油 | 適量 |
| 塩 | 適量 |

[わかめじゃこごはん]
| | |
|---|---|
| ご飯 | 茶碗1杯分 |
| わかめ | 適量 |
| ちりめんじゃこ | 適量 |
| 醤油 | 適量 |

[わかめ酢]
| | |
|---|---|
| わかめ | 適量 |
| ポン酢 | 適量 |

[わかめの味噌汁]
| | |
|---|---|
| わかめ | 適量 |
| 味噌汁 | 汁椀1杯分 |
| ねぎ（小口切り） | 適量 |

作り方
① にんじん、長ねぎは粗みじんに切る。ひじきはたっぷりの水で戻しておく。
② ボウルに鶏ひき肉、長ねぎ、にんじん、ひじき、塩、溶き卵を入れてよく混ぜる。
③ 2を小判型に整え、ごま油を熱したフライパンで両面を焼く。鍋肌から醤油、めんつゆを入れて煮立て、水溶き片栗粉を入れてとろみをつける。
④ 3を器に盛り、大根おろしをのせる。
⑤ ご飯に水で戻しザク切りしたわかめ、ちりめんじゃこ、醤油を入れて混ぜ、器に盛る。
⑥ わかめのポン酢あえ（水で戻したわかめにポン酢をかけたもの）とわかめの味噌汁をそえる。

## ORIGINAL SET PLATE

# 美肌定食

**この人のために作りました**

**ブラックマヨネーズ 吉田敬さん**

よしだ・たかし　1973年京都生まれ。1998年「ブラックマヨネーズ」結成。漫才の技術とネタの完成度の高さでは定評あり。2003年上方漫才大賞・最優秀新人賞受賞、2005年M-1グランプリ受賞。お肌のぶつぶつで悩み中。今回の定食を食べての感想は「めちゃ美味しいのに、これで肌がツルツルになる効果もあるんやったら、たまらんわ」

コラーゲンたっぷりの具をたくさん入れて。肌にいいんですよ、という一言といっしょに食べて欲しい

　ブラックマヨネーズと言えば、ハゲとブツブツです。吉田さんと言えばブツブツの方です。

　昔、吉田さんに「僕も肌が弱くて、すぐにカサカサになるんですよ」と言ったら、「お前ぐらいの肌のヤツが俺の前で肌弱いとか言うな。そんなもん、1億円なくしたヤツの前で、一万円なくした話するようなもんや」と言われました。

　そうです。小杉さん同様、吉田さんにとってもお肌問題は強烈なコンプレックスなんです。その肌で幾度となく笑いをとっていたとしても、関係ないんです。イヤなもんはイヤなんですね。

　それならば吉田さんにもお肌にいいと言われているコラーゲンたっぷりの料理を食べさせたい。

　成分とか詳しいことは分かりませんが「肌にいいんですよ」って伝えてから食べてもらうのが大事なんです。うっすらとした情報と「肌にいいんですよ」という一言が気分よく食事をしてもらうコツなんです。

　女の子とか「肌にいい」って言葉に弱いじゃないですか。彼女に手料理を作るなら肌に良さそうなものをとにかくぶち込んで煮込んでシチューにしちゃいましょう。そして一言「お肌ツルツルになるらしいよ」って言っちゃえば、必ず彼女は喜んでそのシチューをすることでしょう。ただ、自意識過剰の彼女だったら「何、それ、私の肌がカサカサだって言いたいの」とキレられる可能性があるから気をつけてね。

76

ごまが隠し味。コラーゲンたっぷり、とろとろシチューの定食
# BIHADA STEW & GOMA RICE
## 肉と野菜の具沢山シチュー&黒ごまごはん

RECIPE

材料(4人分)

[具沢山シチュー]
| | |
|---|---|
| 鶏もも肉 | 200g |
| 豚バラ肉 | 50g |
| シャウエッセン(ソーセージ) | 1袋 |
| じゃがいも | 1個 |
| にんじん | 1本 |
| 鶏がらスープの素 | 大さじ1 |
| 牛乳 | 2カップ |
| 生クリーム | 適量 |
| 白練りごま | 大さじ1 |
| 液体かつおだし | 少々 |
| バター | 適量 |
| 塩・こしょう | 適量 |

[黒こまこ飯]
| | |
|---|---|
| ご飯 | 茶碗4杯分 |
| 黒ごま | 適量 |

作り方

① 鶏肉はひと口大に切る。豚バラ肉は3cm幅に切る。じゃがいも、にんじんは乱切りにする。

② 鍋にバターを熱し、鶏肉と豚バラ肉を炒める。肉の色が変わったら、シャウエッセンと野菜を入れ炒める。

③ 2に牛乳、鶏がらスープの素、液体かつおだしを加えて煮立て、アクを取り除く。

④ 野菜が柔らかくなるまで煮たら、白練りごまと生クリームを加え、塩・こしょうで味を調える。

⑤ 茶碗1杯分のご飯を器に盛り、黒ごまをたっぷりまぶす。

## ORIGINAL SET PLATE

### 満腹定食

**この人のために作りました**

**ダイノジ 大地洋輔さん**

おおち・ようすけ 1972年大分生まれ。1994年、大谷ノブ彦と「ダイノジ」を結成。漫才、コントでの活躍のほか、エアギター世界大会で2006年、2007年と2連覇の優勝記録を持つ。小太りのずんぐり体型がトレードマーク。今回の定食も一気に完食。「うまっ、うまっ。全部ほんまにうまいです」とぺろりと平らげたあと、他の料理の試食もこなす。

美味しそうにたくさん食べてくれるから。僕の大好きなものを全部集めて、ごちそう定食作りました

誰かに料理を作って振る舞ったときに、「どんな風に食べて欲しいかランキング」第1位はもちろん、「美味しそうに食べてもらう」ですよね。そして第2位は「たくさん食べてもらう」じゃないですか？だから、美味しそうにたくさん食べてくれる人が理想のお客さんですよね。そんな条件を満たしているのがダイノジのおおちさんなんです。おおちさんは本当に僕の作った料理を美味しそうに食べてくれます。しかも、モノ凄い量を食べてくれます。見ていると清々しいくらいで気持ちがいいです。

僕はというと、太らないようにあまり食べ過ぎないように気をつけて食事を取ります。自分が作った料理はたくさん食べて欲しいのに、人の作った料理をたくさん食べないように気をつけるという、自分勝手な人間です。

もちろん、美味しいものを食べたときの、美味しいってリアクションは抜群ですよ。そっちは問題ありません。ただ、量だけはセーブしちゃうんですよね。それは、人に作ってもらった時だけじゃなく、自分で作ってもあまり食べません。本当は山ほど食べたいですけど太りたくないんです。でも、料理を作るのは大好き、たくさんの種類を作りたい、そして、ちょっとずつ色んな味を食べたい。

結果どうなるかというと、たくさんの料理を作って、ちょっとずつ食べたら、いっぱい余っちゃうんですよ。そんな時はおおちさんに食べてもらうんですよ。カレーも食べたい。目玉焼きも食べたい。ハンバーグも食べたい。スパゲティも食べたい。でも、太りたくない。「そうだ、おおちさんを呼んで代わりに太ってもらおう」となるわけです。しかも、「美味しそう」に食べてくれるわけですから、まさに最高のお客さんってワケです。

78

ちびっこ時代のごちそうを全部集めた、大人のパワフル定食
# HAMBURG CURRY & NAPOLITAIN
## ハンバーグ、カレー、ナポリタンのワンプレート

RECIPE
材料（1人分）

[ハンバーグ]
| | |
|---|---|
| 牛ひき肉 | 150g |
| 玉ねぎ（みじん切り） | 1/4個 |
| マッシュルーム | 3個 |
| 卵黄 | 1個分 |
| パン粉 | 大さじ4 |
| 牛乳 | 適量 |
| ナツメグ | 適量 |
| ケチャップ | 小さじ1 |
| オタフクソース | 小さじ1 |
| バター | 大さじ1 |
| 卵（目玉焼き用） | 1個 |
| サラダ油 | 適量 |
| 塩・こしょう | 適量 |

[スパゲッティナポリタン]
| | |
|---|---|
| スパゲッティ | 100g |
| ベーコン | 3枚 |
| 玉ねぎ | 1/4個 |
| マッシュルーム | 2個 |
| プチトマト | 8個 |
| にんにく | 1片 |
| バター | 大さじ2 |
| ケチャップ | 適量 |
| オリーブオイル | 適量 |
| 塩・こしょう | 適量 |

[レトルトカレー]
| | |
|---|---|
| ご飯 | 茶碗1杯分 |
| レトルトカレー | 1/2袋 |

作り方
① ハンバーグを作る。マッシュルームはみじん切りにする。パン粉は牛乳に浸しておく。玉ねぎはバターで炒めておく。
② 目玉焼きを作っておく。
③ ボウルに牛ひき肉、卵黄、炒めた1の玉ねぎ、マッシュルーム、パン粉、ナツメグを入れ、ねばりが出るまでよく混ぜる。塩・こしょうで味を調える。
④ 3を小判型にまとめる。サラダ油を熱したフライパンで両面を焼き、皿に取り出しておく。
⑤ 4のフライパンにケチャップとおたふくソースを入れて煮つめ、ソースを作る。
⑥ 器に4のハンバーグを盛り、5のソースをかけて、目玉焼きをのせる。
⑦ 次にナポリタンを作る。スパゲッティは、たっぷりの湯で袋の表示時間通りに茹でる。
⑧ ベーコンはひと口大に、玉ねぎ、マッシュルーム、にんにくは薄切りに、プチトマトは半分に切る。
⑨ フライパンにオリーブオイルとにんにくを入れ熱し、にんにくの香りがしてきたらベーコン、玉ねぎ、マッシュルームを入れて炒める。
⑩ 9にバターと7のスパゲッティと8のプチトマトを加えて炒める。ケチャップを加えて全体にからめ、塩・こしょうで味を調え6の器に盛る。
⑪ 10の器にご飯を盛り、あたためておいたレトルトカレーをかける。

## 品川ヒロシ　HIROSHI SHINAGAWA

1972年東京生まれ。1995年庄司智春と「品川庄司」を結成。第39回ゴールデンアロー賞芸能新人賞受賞。テレビ、舞台、ラジオなどで人気を博すほか、小説『ドロップ』(リトルモア)、漫画原作『ドロップ』(秋田書店)、映画『ドロップ』の監督・脚本・原作を手がけるなど、多彩な才能を見せる。2007年ブログ・オブ・ザ・イヤー受賞。著書に『品川ブログ』『品川ブログデラックス』(共にワニブックス)。働く母に代わって小学生時代から料理作りをはじめ、レストランのバイトなどで腕を磨く。その場にある材料で手早く作る、オリジナル感満載の料理は絶品。

著　者：品川ヒロシ　HIROSHI SHINAGAWA
撮　影：南雲保夫　YASUO NAGUMO
アートディレクション・デザイン：高市美佳　MIKA TAKAICHI
スタイリング：阿部まゆこ　MAYUKO ABE
レシピ制作：熊谷有真　YUMI KUMAGAI
編　集：池上薫　KAORU IKEGAMI

撮影協力　野方食堂(東京都中野区野方5-30-1)

＊本書に掲載されているレシピに関するすべての責任は、(株)ヨシモトブックスにあります。

## 品川食堂

2008年10月1日初版第1刷発行
2008年11月11日初版第2刷発行

発行人：吉野伊佐男
編集人：竹中功

発行：株式会社ヨシモトブックス
〒160-0022　東京都新宿区新宿5-18-21
電話　03・3209・8291

発売：株式会社ワニブックス
〒150-8482　東京都渋谷区恵比寿4-4-9　えびす大黒ビル
電話　03・5449・2711

印刷所：大日本印刷株式会社

©品川ヒロシ／吉本興業 2008 Printed in Japan

2012 YOSHIMOTO
100th anniversary

本書の無断複製(コピー)、転載は著作権法上の例外を除き禁じられています。
落丁・乱丁は(株)ワニブックス営業部宛てにお送りください。
送料小社負担にてお取替え致します。

ISBN 978-4-8470-1783-4